Un ouvrage coordonné par
Diana Filippova,
avec Flore Berlingen,
Marc-Arthur Gauthey,
Arthur de Grave,
Asmaa Guedira,
Antonin Léonard,
Edwin Mootoosamy,
Benjamin Tincq
et Maëva Tordo

12, rue du Moulin-Joly, 75011 Paris
www.ruedelechiquier.net
ISBN : 978-2-917770-89-4
Dépôt légal : mai 2015

SOCIÉTÉ COLLABORATIVE

LA FIN DES HIÉRARCHIES

OUISHARE

Rue de l'échiquier

Sommaire

Avant-propos

« CECI N'EST PAS UN MANIFESTE »

Vous ne trouverez dans cet ouvrage ni grands principes, ni spéculations théoriques. À nos yeux, l'idée même de société collaborative s'oppose à la formalisation d'une énième théorie sociale, à une *doxa* économique qui enferme le réel dans le carcan d'un modèle purement conceptuel. Nous ne croyons pas que nos sociétés aient à se fonder sur des dispositions élaborées *a priori* par une autorité intellectuelle.

Plutôt que d'asséner une « théorie générale du collaboratif » ou tout autre discours prescriptif, c'est à partir de l'analyse d'initiatives concrètes que nous faisons émerger notre vision – parfois idéale, souvent pragmatique. Si les principes de coopération, de justice sociale et de liberté y occupent une place de choix, c'est en tant que préceptes traduits en projets concrets. Aussi divers soient-ils, ces projets ont une caractéristique en partage : l'économique ne l'emporte jamais sur les enjeux sociaux, culturels et politiques. Fille aînée de la philosophie libérale, la rationalité économique est devenue une idéologie déguisée en discours politique prétendument neutre ou naturel. L'autonomisation de la sphère économique par rapport au tissu social a conduit à la sacralisation de la compétition et à la proclamation de la supériorité des modèles fermés.

À cette fragmentation du monde entre efficacité économique et principes de justice sociale, nous opposons l'image d'une société collaborative, unifiée et solidaire.

Nous réfutons la maxime selon laquelle « l'homme serait un loup pour l'homme ». Non pas tant parce que l'homme vivant en société est bon ou mauvais par essence, mais parce qu'il s'adapte depuis sa plus tendre enfance à son environnement social. S'il grandit dans un monde où la compétition est permanente, il deviendra un *homo economicus,* ce mercenaire prompt à écraser son prochain pour maximiser ses intérêts propres. S'il s'intègre dans une société où la coopération et la bienveillance sont les formes d'action les plus valorisées, alors il sera un *homo reciprocans*.

En réalité, la société collaborative est déjà là. Certes, les expérimentations sont hétérogènes et éparses, mais c'est dans le foisonnement de ces projets, locaux ou globaux, associatifs ou lucratifs, personnels ou communautaires, qu'elle prend corps, et que s'inventent des modèles alternatifs aux organisations héritées des révolutions industrielles. La question nous est souvent posée : quelle place dans la société collaborative pour les valeurs républicaines et sociales ? Quid de l'équité, de la justice sociale, de l'égalité des chances, de la solidarité ? Les notions d'innovation et de disruption n'ont de sens que si elles s'inscrivent dans les très classiques réflexions sur la juste répartition de la valeur créée et la prise en compte de ses externalités, positives et négatives – soit dans le fil des revendications qui ont animé tous les mouvements sociaux depuis bientôt deux siècles. Nous souhaitons en particulier réhabiliter l'idée de progrès en la débarrassant de ses habits idéologiques et technocentrés, *via* la quête de modèles de valorisation équitable des contributions individuelles et collectives, et la mobilisation de tous les moyens au service de l'égalité des capabilités[1]. Selon nous, les individus ne devraient pas avoir à arbitrer en permanence entre sécurité, flexibilité et prise de risque.

Au fond, c'est ce progressisme renouvelé qui sous-tend notre vision de la société collaborative. Et croyez-le ou non, il est déjà une réalité.

Diana Filippova

1 Selon l'économiste indien Amartya Sen, à l'origine du concept de « capabilités », il s'agit de donner la possibilité aux individus de faire des choix parmi les biens qu'ils jugent estimables, de s'assigner des objectifs et de les atteindre effectivement.

La fin des Léviathans

« La condition de l'homme [...] est la guerre de tous contre tous. »
Thomas Hobbes

« S'il y avait un peuple de dieux, il se gouvernerait démocratiquement. Un gouvernement si parfait ne convient pas à des hommes. »
Jean-Jacques Rousseau

« Contraintes de subir le droit du plus nombreux, les classes qui se nomment elles-mêmes les classes élevées ne peuvent conserver leur hégémonie politique qu'en invoquant le droit du plus capable. Il faut que, derrière l'enceinte croulante de leurs prérogatives et de la tradition, le flot de la démocratie se heurte à un second rempart fait de mérites éclatants et utiles, de supériorités dont le prestige s'impose, de capacités dont on ne puisse pas se priver sans folie. »
Émile Boutmy[1]

Nous sommes quelque part dans le nord de la France, au milieu des années 1990. Je suis dans un gymnase, une épée à la main, un peu serré dans ma combinaison blanche. Le masque grillagé que je porte occulte mon regard. Il fait chaud. Je dois avoir dans les huit ou neuf ans. Face à moi, se tient un garçon un peu plus âgé, à en juger par sa taille. Je ne peux distinguer son visage. Tout autour de nous, on entend les sons rauques des buzzers et le

1 Écrivain et politologue français, fondateur de l'École libre des sciences politiques (Sciences Po).

claquement sec des lames qui s'entrechoquent. Ce sera bientôt notre tour. Je suis un peu tendu, et pour cause : c'est ma première compétition d'escrime.

Je ne me sens pas vraiment à ma place, l'atmosphère me pèse un peu. Pour être honnête, c'est une sorte de romantisme juvénile qui m'a poussé à pratiquer l'escrime : la plupart des héros de mon enfance se battent l'épée au poing. J'ai envie de leur ressembler. Mais là, au milieu de cette espèce de hangar, c'est tout autre chose. Il paraît que cette atmosphère fait partie du sport. On verra.

La tension monte d'un cran. Deux silhouettes s'approchent pour se planter derrière mon adversaire désigné. Elles me semblent immenses. Ce sont ses parents, le type même des bons bourgeois du Nord, habitant probablement quelque banlieue huppée de Lille. Monsieur et Madame Le Quesnoy dans *La Vie est un long fleuve tranquille*, en chair et en os.

« *En garde...* » C'est parti ! Il se passe quelque chose : j'ai l'impression que les traits de Monsieur Le Quesnoy se crispent, ses poings se serrent, ses yeux s'ouvrent grand. Il commence à vociférer des ordres à son rejeton. « *Vas-y, sois menaçant, attaque, attaque !* » J'ai du mal à me concentrer, je laisse peu à peu mon adversaire gagner du terrain. « *C'est bien, attaque, fais le reculer, accule-le, sois menaçant.* » Une autre voix, plus aiguë, prend le relais : c'est au tour de Madame. « *Attaque ! Attaque ! Tue-le ! TUE-LE !* » Je me raidis, et je laisse peu à peu ma garde se relâcher. Je crois bien que l'escrime ne m'amuse plus, après tout. Mais je viens surtout de prendre conscience de quelque chose d'autrement plus grave : je n'ai pas l'esprit de compétition.

L'HOMME EST UN LOUP POUR L'HOMME

L'esprit de compétition. Une inclination naturelle à la rivalité, paraît-il. Nous serions universellement guidés par l'avidité, l'égoïsme et la passion de dominer. Mais la violence évocatrice de ces mots n'a pas sa place dans une société civilisée. Le langage que nous parlons aujourd'hui évite la morale pour se donner des airs pseudo-scientifiques : nous recherchons la « maximisation de notre utilité individuelle ». *Homo economicus,* vous, moi. L'expression même de la rationalité.

D'où nous vient cette idée somme toute étrange que notre tendance à entrer en concurrence les uns avec les autres relève de la nature humaine plutôt que d'une construction sociale ? Pourtant, l'espèce humaine tend partout à former des groupes, et cet état social existe avant même que ces groupes ne décident éventuellement de se faire la guerre. Notre tendance à la sociabilité est au moins aussi forte que notre tendance à la rivalité. Aristote définissait l'homme comme un *zoon politikon,* « animal politique ». Selon lui, l'espèce humaine est naturellement sociale, et c'est au sein de la Cité qu'elle s'épanouit et accomplit toutes ses potentialités, pour le meilleur et pour le pire.

Nous avons depuis longtemps tourné le dos à cette conception, pour faire nôtre cette maxime : l'homme est un loup pour l'homme[2]. À l'état de nature, l'homme est

---

2 *Homo homini lupus est*, formule au demeurant assez injuste pour le loup, espèce aux mœurs sociales raffinées.

l'ennemi de ses semblables, il ne peut au fond s'élever qu'au détriment d'autrui. Seuls des mobiles purement égoïstes pousseraient l'être humain à sortir de l'inaction, et la carotte ultime serait encore la perspective de dominer son prochain. Et aux yeux des thuriféraires les plus extrêmes du néolibéralisme, nier cette réalité, c'est tordre la nature humaine, voire pire, en appeler à la création d'un « homme nouveau ». Bref, les goulags ne sont pas loin.

Le problème, c'est que nous avons fini par collectivement adhérer à cette illusion, bien cachée au fond de l'idéologie dominante qu'est devenu la pensée libérale : le pessimisme anthropologique. Or ce pessimisme qui n'était au départ qu'une simple hypothèse de travail, passe aujourd'hui pour une conclusion issue de quelque observation scientifique. D'où une prétention commune au « réalisme » pour désigner une forme bien tempérée d'agressivité. Cette illusion influe très concrètement sur nos modes d'organisation et nos institutions, dans les sphères privée et publique. Ce pessimisme est devenu un prétexte au maintien de rapports de pouvoir et de domination d'un autre âge.

GÉNÉALOGIE D'UNE ILLUSION :
du Léviathan aux petits chefs

Le pessimisme anthropologique n'est rien d'autre qu'une formule un peu pompeuse pour exprimer un jugement négatif sur la nature humaine. Cette question, qui pourrait sembler un peu abstraite, doit au contraire être envisagée sous l'angle de la pratique : des représentations de ce genre ont une influence décisive sur nos comportements. Tandis que le libéralisme s'imposait au cours des dernières décennies comme l'idéologie dominante, il apportait avec lui une vision sous-jacente de la nature humaine. Cette petite musique pessimiste, vous l'entendez chaque jour en allumant votre radio ou en ouvrant un journal. Vous l'entendez chaque fois qu'on vous explique qu'il est nécessaire de restaurer l'autorité à l'école ou dans l'entreprise ou à chaque fois qu'on vous susurre les mots « cancers de l'assistanat ». On vous la chante quand on vous explique qu'il faut renforcer la surveillance des chômeurs, ou que sans perspective d'enrichissement illimité et la possibilité de créer une dynastie pour les trente prochaines générations, il ne se trouvera personne pour endosser les habits prométhéens de l'entrepreneur. Comme si des écarts salariaux au sein des entreprises cent fois inférieurs à ceux qui ont cours aujourd'hui et des taux marginaux d'imposition de 98 % (il n'est pas question ici de l'Union Soviétique, mais bien de l'Angleterre des années 1970) avaient empêché le développement de l'automobile, de l'aéronautique ou même de l'informatique.

Mais c'est une autre histoire. Du pessimisme anthropologique découle le principe suivant : sans la menace de se retrouver à la rue et d'y mourir de faim, et sans la carotte que constituent pour tout un chacun trois yachts de plus de 75 mètres, douze villas et un compte aux Caïmans, personne ne ferait *rien*. Comment en sommes-nous venus à adhérer collectivement à quelque chose d'aussi manifestement idiot ?

Qu'est-ce que le libéralisme ? Une doctrine tout à la fois philosophique, politique et économique qui pose la liberté individuelle comme principe premier. C'est simple, non ? Mais à *qui* cette liberté est-elle donnée ? Et quel est son *contenu* ? La pensée libérale pose une pure équivalence entre ce qu'elle considère comme un comportement rationnel et la poursuite par l'individu de son intérêt propre. *Homo economicus*, jailli tout en armes du crâne fracassé de la Raison. Les critiques de l'économie libérale se concentrent bien souvent sur le fameux concept de « main invisible » d'Adam Smith : on peut compter sur la somme des égoïsmes individuels pour atteindre le bien commun. Il est vrai que l'idée a de quoi choquer des esprits modernes, sécularisés, qui ont cessé depuis longtemps de croire en la divine providence. La formule est en outre symptomatique d'un biais intellectuel propre au libéralisme : sa tendance à réduire le tout à la somme de ses parties. Cependant, là n'est pas le cœur du problème.

Pour aborder la pensée libérale sous un angle véritablement critique, il faut descendre à la racine du pessimisme moderne, environ un siècle avant la publication de *La Richesse des Nations*, et ouvrir le *Léviathan* du philosophe anglais Thomas Hobbes.

L'*HOMO ECONOMICUS* : l'homme mis en équations

Qu'un philosophe considéré comme un théoricien de la monarchie absolue puisse être, selon Leo Strauss, le vrai « *fondateur du libéralisme moderne* » est *a priori* contre-intuitif. Le libéralisme n'est-il pas associé aux Lumières ? N'est-il pas synonyme de défense des droits imprescriptibles de l'individu face aux inévitables débordements du pouvoir ? C'est le côté pile. Hobbes fait en son temps figure d'innovateur. Le concept d'« état de nature » qu'il présente dans le *Léviathan* fait même scandale. Il rompt pour la première fois avec l'ancienne conception, héritée d'Aristote, d'un homme naturellement sociable. Au contraire, à l'état naturel, l'être humain vit dans un état de précarité permanente et n'a pas d'autre choix que d'assurer sa survie par tous les moyens dont il dispose. Nous tenons là l'*homo economicus* à son stade embryonnaire (avant qu'il ne soit mis en équations). Il en découle une « *guerre de tous contre tous* » avec, pour seul remède, l'établissement d'un pacte social par lequel les hommes renoncent à laisser libre cours à leurs instincts de domination pour transférer leur liberté aux mains d'un souverain. Il est vrai que la société qu'observe Hobbes, celle de l'Angleterre du XVIIe siècle, est tout sauf apaisée.

Sur le plan intellectuel, c'est une véritable révolution : la société n'est plus envisagée comme un prolongement de l'humanité, mais, au contraire, comme une réaction contre ses tendances naturelles. Les institutions sont des entraves imposées aux hommes pour éviter qu'ils ne s'entre-tuent. Voilà l'expression primitive du pessimisme anthropologique qui nous anime encore aujourd'hui. Deux choses ont cependant changé : Hobbes a beau considérer que l'avidité et l'agressivité font partie intégrante de la nature humaine, il n'aurait sans doute pas souscrit à la maxime selon laquelle *greed is good*[3] (pas plus d'ailleurs qu'Adam Smith après lui). En outre, Hobbes envisage son état de nature comme une

3 « *La cupidité, c'est bien.* »

fiction, une simple vue de l'esprit, là où nos théoriciens de l'*homo economicus* ont tendance à y voir une réalité objective.

La tradition libérale ne remettra jamais véritablement en cause ce jugement sur l'homme et l'origine de la société : ses développements postérieurs se concentreront sur la définition d'un périmètre de libertés imprescriptibles à protéger contre les abus potentiels du pouvoir. Elle ne questionnera jamais la nécessité de l'existence même d'un pouvoir ni cette vision négative de la société. L'enjeu du libéralisme politique est de *limiter* le pouvoir souverain, certainement pas de le *nier*. Ce qui les distingue, c'est l'intensité et la forme de la répression : *la liberté des uns s'arrête là où commence celle des autres*, etc. Il n'y pas un roi, mais de nombreux maîtres. En tout état de cause, le risque de guerre de tous contre tous justifie une conception verticale de l'exercice du pouvoir, à quelque niveau que ce soit. Il faut qu'il y ait des gouvernants et des gens qui exercent un pouvoir de contrainte sur les autres. De ce point de vue, nos gouvernements, nos fonctionnaires et nos patrons ne sont que des versions domestiquées du Léviathan. La hiérarchie est la seule chose qui nous sépare du chaos. Absolutisme et libéralisme sont de ce point de vue les deux faces d'une seule et même pièce.

CETTE DÉMOCRATIE DONT PERSONNE NE VEUT

Avec ce genre de pessimisme anthropologique bien fiché dans le crâne, l'expérience démocratique ne peut que nous sembler illusoire, au mieux. Au pire, suicidaire.

De fait, nous avons beau nommer *démocratie* le régime au sein duquel nous vivons aujourd'hui en France, ce dernier rappelle bien davantage la cour de Louis XIV que l'agora antique : une partie du pouvoir est confisquée par une élite administrative, économique et politique qui n'a jamais été élue et ne peut être révoquée par le peuple.

Si nous remontions le temps pour ramener Périclès à notre époque et lui présenter la Ve République, ce dernier y verrait non une démocratie, mais une oligarchie élective (au mieux, une aristocratie élective s'il faisait preuve d'une grande indulgence à l'égard des élites gouvernantes). On peut penser que Hobbes, Rousseau, Montesquieu et bien d'autres le rejoindraient sur ce point : techniquement, démocratie représentative et oligarchie élective sont une même chose. Périclès dirait peut-être également que la forme de notre régime politique importe finalement assez peu dans la mesure où, de toute façon, nous passons la plus grande partie de notre temps à nous affairer au sein d'organisations où le pouvoir est souvent tyrannique[4], fréquemment héréditaire, ce qui est rigoureusement incompatible avec l'exercice de la liberté telle que la conçoit un citoyen athénien du ve siècle avant J.-C.

Sous le vernis démocratique jaunissant, sous les fausses envolées rhétoriques sur l'émancipation, notre mode d'organisation principal reste la hiérarchie, même si cette dernière prend de moins en moins souvent la forme d'un visage humain. Et pour cause : persuadés en notre for intérieur de notre nature corrompue – le réalisme, le réalisme ! –,

4 Dans la bouche d'un Grec de l'Antiquité, le terme n'a pas encore acquis de dimension péjorative.

comment pourrions-nous être en même temps de sincères défenseurs de la démocratie ? La foule, c'est évident, est incapable de prendre son destin en main, n'est-ce pas ? Assez naturellement, donc, nous plantons des démocraties pour récolter, à la fin, des bureaucraties.

LES ÉLITES ET LES PAIRS

Bien sûr, le mode d'organisation hiérarchique ne se justifie plus aujourd'hui par la naissance ou la faveur divine, mais par des distinctions supposées en capacités. Mieux que d'autres, certaines personnes surmontent leurs bas instincts et vont se constituer en élites éclairées pour guider le reste de la collectivité. L'aristocratie des gens capables. Telle était l'histoire qu'on se racontait autrefois.

N'importe quel jeune diplômé d'école de commerce le sait : la première qualité à mettre en avant lors d'un entretien d'embauche, c'est son *goût du travail en équipe*. Mais une fois la porte de l'entreprise franchie, les règles du jeu changent. Les places sont chères, on ne s'élève qu'aux dépens de ses collègues. Voilà donc le paradoxe : nous sommes invités à nous montrer simultanément *compétitifs* et *coopératifs*.

Car il y aurait de quoi devenir fou. Confusément, nous sommes plus ou moins convaincus que nous vivons en société pour éviter de nous entre-tuer, pour échapper à l'état de guerre civile qui surviendrait si nous devions céder à notre nature profonde. Nous respectons les lois, le règlement intérieur de l'entreprise et nous obéissons aux ordres de notre supérieur (le lien de subordination n'est-il pas ce qui caractérise avant tout le contrat de travail en droit français ?). Et en même temps, nous obéissons à ceux qui savent suivre les penchants que tous les autres sont censés réprimer : égoïsme, course aux honneurs et aux distinctions, avidité, sens de la compétition. La méritocratie est une belle idée, mais tout dépend du sens qu'attribue la communauté au terme de « mérite ». On admirera – en se l'avouant parfois à demi-mot – tel homme politique pour son obsession du pouvoir ou tel entrepreneur promettant la guerre thermonucléaire à la concurrence. Dans ce contexte, il est même étonnant que le processus consistant à délégitimer les élites politiques et économiques n'ait pas commencé plus tôt.

L'alliance des libéraux – autrefois force de progrès – et des néoconservateurs de tout poil peut sembler contradictoire : après tout, nous étions habitués à penser qu'ordre et liberté s'excluaient l'une l'autre. Le problème, c'est que si tout le monde était libre – au sens où l'entend la tradition libérale – l'édifice social s'effondrerait. Nous sommes tous libres en théorie, mais en pratique, la liberté effective est l'apanage d'une infime minorité (*l'ivresse du pouvoir* n'est peut-être que l'ivresse de la liberté, de la vraie). Conservatisme et libéralisme croient au fond la même chose : certains sont fait pour commander, d'autres pour obéir.

Longtemps, cette idée, qui devrait faire scandale au sein de sociétés qui se disent démocratiques, a été acceptée. Pourquoi ? Difficile à dire. Peut-être parce que la hausse du confort matériel, de la mobilité sociale et la baisse tendancielle des inégalités économiques avaient fini par rendre cette vision des choses acceptable. Si tout le monde en profite, inutile d'en faire une question de principe, n'est-ce pas ? Tant que le maître est juste et bon... Bizarrement, les adeptes de la *théorie du ruissellement* se font plus discrets depuis 2008. C'est un véritable système de légitimation du pouvoir qui s'effondre.

Mais surtout, cette idée qu'il n'y a pas d'alternative s'est profondément enracinée dans les esprits. Les critiques et réfutations théoriques du libéralisme philosophique et politique sont pourtant nombreuses. Ce livre n'a pas la prétention d'en être une. Nous pensons que le meilleur moyen de réfuter un système de pensée reste de lui opposer un contre-exemple. Les faits contre les idées. La bonne nouvelle, c'est que des alternatives viables ont commencé à faire leur apparition, sous la forme d'organisations fondées non plus sur le contrôle vertical et la concurrence généralisée, mais tout au contraire sur la contribution volontaire et la coopération. Partout, le consensus autour de structures de pouvoir obsolètes et légitimées par le recours un peu facile au pessimisme anthropologique se fissure.

VERS UNE SOCIÉTÉ COLLABORATIVE

Internet remet la collaboration au goût du jour au moment même où l'idéologie de la compétition tous azimuts se révèle pour ce qu'elle a toujours été : une vision tronquée et bornée de la société. Dans la production, la consommation, le financement ou encore l'éducation, les modèles collaboratifs ne cessent de monter en puissance depuis quelques années, jusqu'à perturber des pans entiers de l'économie. Car c'est bien la multitude qui constitue le poumon de l'économie. Reste à inventer une société adaptée à ce nouvel âge.

Quel rapport entre une entreprise qui décide d'aplanir son organigramme et des processus de production ou des modes de travail qui s'éloignent de plus en plus des grandes machineries humaines issues des deux précédentes révolutions industrielles ? Entre la démocratie représentative et une éducation émancipatrice ? Tous sont construits sur l'idée que l'individu, lorsqu'il est placé dans un environnement qui l'incite à coopérer avec ses pairs, est enclin à collaborer. Tous reposent sur une vision davantage organisationnelle qu'anthropologique : que l'homme choisisse de coopérer avec ses pairs ou de défendre ses intérêts en faisant fi de ceux des autres n'est pas une question de nature, mais d'environnement. En d'autres termes, les structures collaboratives accordent le bénéfice du doute à l'être humain. Si cet environnement l'incite à être égoïste, en récompensant les actions non coopératives, il se comportera comme tel. Si, au contraire, l'école, l'organisation, la société le placent sans cesse dans un contexte où la collaboration est encouragée, il agira en *homo cooperans*.

Cette vision de l'être humain est plus équilibrée, et sans doute plus réaliste que celle qui sous-tend l'ensemble de la pensée économique contemporaine : nous avons tous l'expérience des autres et de nous-mêmes en tant qu'égoïstes, parfois, et en tant qu'altruistes, d'autres fois. Et ce n'est pas toujours fonction de la menace du bâton ou de la promesse de la carotte. L'homme est un être social aux motivations complexes, un animal qui n'a rien à voir avec le *rational fool* (l'imbécile rationnel, pour reprendre une expression d'Amartya Sen) de la vulgate économiste qui prévalait jusqu'alors.

Au fil des pages qui suivent, le lecteur prendra connaissance de démarches alternatives dans les domaines du travail, de l'éducation, des organisations, de l'engagement social et environnemental et de la production. Il pourra constater la grande cohérence qui finit par se dégager d'initiatives à première vue éparses et modestes, mais qui semblent pointer – timidement encore – dans une direction commune. Il y trouvera surtout l'amorce d'une réflexion sur les contours de ce que pourrait être une société fondée sur la coopération. Le modèle hérité des révolutions industrielles est encore largement dominant. Mais les fissures qui le traversent sont de plus en plus apparentes, si bien que ce sont les conservateurs et ceux qui pensent que le monde d'hier peut encore être ressuscité qui devraient être appelés de doux rêveurs. L'utopie a changé de camp.

Nous sommes conscients que les quelques expériences et réflexions que nous présentons ici ne sont encore qu'une légère brise. Cette organisation fondée sur l'exploitation sans bornes de l'homme et des ressources naturelles ne disparaîtra pas en un jour. Pour nous, qui sommes au sein de OuiShare les témoins du développement de l'économie collaborative depuis quelques années, les premiers résultats de l'expérience sont encourageants : *il y a des alternatives*. Dans *Ainsi parlait Zarathoustra*, Nietzsche écrit : « *Ce sont les paroles les moins tapageuses qui apportent la tempête, et les pensées qui mènent le monde viennent sur des pattes de colombe.* » Il est des édifices si fragiles qu'il n'est pas même besoin de tempête pour les renverser. Peut-être nos structures sociales, politiques et économiques sont-elles de ce nombre.

Depuis que nous prenons une part modeste mais active à l'éclosion de ce nouveau paradigme, nous avons constaté à maintes reprises que cette société fondée sur le contrôle et la mise en concurrence de chacun avec tous faisait l'objet d'un rejet de plus en plus massif. Nous avons personnellement ressenti cet étouffement. Dans ces conditions, une légère brise, c'est déjà beaucoup.

Émancipation, quête de l'autonomie, justice sociale, diffusion du savoir, réappropriation des moyens de production : les aspirations d'une génération revendiquées dans cet ouvrage ne constituent pas, en soi, une révolution conceptuelle. Qu'est-ce qui aurait donc changé, fondamentalement, pour que les alternatives puissent enfin sortir des marges au sein desquelles elles étaient cantonnées ?

Pour le meilleur ou pour le pire, l'âge du réseau semble esquisser une société où la coopération constitue à nouveau un avantage évolutif. Autant que cela soit pour le meilleur. Si Internet et ses prolongements multiples ont été jusqu'ici largement utilisés pour améliorer les possibilités de contrôle et d'extraction de valeur, nous croyons au potentiel libérateur de la technologie. Pour cela, Internet doit entrer dans le champ politique. Telle est, en définitive, la vision – encore fragile et timide – que nous souhaitons partager avec vous.

Arthur de Grave

Splendeurs et misères des nouvelles formes de travail

« Travailler n'est pas produire seulement des richesses économiques ; c'est toujours aussi une manière de se produire. La question à poser est donc aussi celle-ci : est-ce là le genre d'hommes, de femmes dont nous souhaitons que l'humanité soit faite ? »

André Gorz

Notre génération a été élevée dans l'espoir d'un travail épanouissant et décemment payé. Force est de constater que les heures passées à rédiger CV et dossiers d'inscription pour Pôle Emploi ont détruit ce qu'il nous restait de foi dans la valeur travail[1] ! Le chômage, la dette et les politiques d'austérité nous ont définitivement soignés de cette illusion d'un CDI à temps plein : pourtant convoité, ce type de contrat n'apporte ni épanouissement ni stabilité économique aux heureux élus. C'est désormais hors du monde salarié que s'effectue la recherche d'un travail plus adaptée à l'état de nos technologies et de nos désirs.

1 Voir Diana Filippova, « Lâchez-nous avec la valeur travail », *La Tribune*, 22 juillet 2014.

LES NOUVELLES FORMES DU TRAVAIL

Le refus de faire le jeu d'un marché du travail inégalitaire et ossifié est désormais transgénérationnel : baby-boomers et représentants de la fameuse génération Y affirment la même désillusion face aux tâches vides de sens, la même lassitude face à un retour fantasmé au plein-emploi, le même refus de se plier à l'idéologie de la performance à tout prix, les mêmes craintes d'un déclassement face aux algorithmes. Le travail en tant que valeur morale n'enchante plus et le dépit face à l'effritement de ses avantages économiques et sociaux est profond. « À 51 ans et après trente années sans un jour d'absence ou presque, à alimenter le système du "travailler pour être heureux", le gentil patron de ma dernière "maison du bonheur" (...) m'a gentiment demandé de rentrer chez moi... Je n'entrais plus dans la politique de l'entreprise... Au moment où je suis au top de mes compétences durement acquises, le système ne veut plus de moi et donc me jette comme une merde[2] ! » L'âpre témoignage de Thierry M. résume bien notre colère devant les travers du travail dans cette société où l'emploi se fait rare. Longtemps cantonnée à la gauche anarchiste et radicale, l'idée selon laquelle le salariat émancipateur n'est en réalité qu'une forme adoucie d'esclavage trouve une résonance certaine auprès d'une partie croissante des employés[3].

---

2 Laissé en commentaire sous l'article « Lâchez-nous avec la valeur travail », *ibid.*

3 La parenté juridique entre le contrat de travail et l'esclavage est soulignée par David Graeber dans son ouvrage *Dette, 5000 ans d'histoire*, Les Liens qui libèrent, 2013, ainsi que dans son article « On the Phenomenon of Bullshit Jobs », *Strike Magazine*, juillet 2013, résumé en français ici : www.slate.fr/story/76744/metiers-a-la-con

C'est dans ce contexte que s'inscrit la montée en puissance de nouvelles formes de travail, très éloignées du salariat classique : travail indépendant, travail à la demande, entrepreneuriat, consommation-production... autant de termes qui cherchent à saisir une réalité en pleine recomposition.

UN PAYSAGE EN MIETTES

Un tiers : c'est la proportion de travailleurs indépendants dans la population active américaine, d'après Freelancers Union, le premier syndicat américain des travailleurs indépendants[4]. Soit 53 millions, presque deux fois le nombre d'actifs en France[5]. En 2020, cette proportion pourrait dépasser 50 % aux États-Unis. Des enquêtes prospectives similaires ont été conduites dans d'autres pays, notamment au Royaume-Uni. Elles sont unanimes : le travail indépendant gagne du terrain au détriment des emplois salariés. Bien que le CDI demeure encore la forme d'emploi dominante, la France n'est pas en reste par rapport aux pays anglo-saxons. Ainsi, le nombre d'auto-entrepreneurs, statut créé en France en 2008, a dépasse le million depuis l'été 2014. Et la dynamique est loin d'être épuisée : en 2013, la moitié des entreprises créées l'ont été sous cette forme et la hausse des immatriculations s'est élevée à 15 %[6].

4 www.freelancersunion.org/blog/dispatches/2014/09/04/53million

5 La population active de la France métropolitaine est estimée en 2011 à 28,4 millions de personnes de 15 ans ou plus. Source : www.insee.fr/fr/mobile/etudes/document.asp?reg_id=0&ref_id=T13F041

6 Données APCE ; http://apce.com

La catégorie des indépendants et entrepreneurs est loin d'être un ensemble homogène. Certains peuplent les espaces de coworking[7]. Chacun de ces lieux possède son atmosphère propre et se place au cœur d'un écosystème particulier. OuiShare s'est ainsi développé autour de Mutinerie Coworking, espace pionnier créé à Paris en 2012, où se nouent collaborations et projets communs : l'époque où free-lance rimait avec isolement est révolue. De plus en plus, ces espaces se structurent en réseau international pour offrir aux travailleurs indépendants des perspectives de mobilité plus large. Copass propose aujourd'hui des abonnements permettant de travailler librement dans près de 400 espaces dans 46 pays[8].

Une catégorie est rarement représentée dans les espaces de coworking : les travailleurs pair-à-pair ou « digitaux ». Ils incarnent de nouvelles formes de travail, apparues avec le développement des plateformes de l'économie du partage : covoiturage et partage de voitures entre particuliers, location de logement et de biens, prestations de services les plus divers *via* les plateformes de *jobbing*. Ces nouveaux travailleurs sont souvent assimilés à des « consommateurs-producteurs » : les services pair-à-pair sont coproduits par les utilisateurs des plateformes. Leurs outils de travail, ce sont leur propriété privée et leurs compétences. Le terme de « travail à la demande » paraît

---

7 Destinés aux indépendants, entrepreneurs et aux salariés nomades de grandes entreprises, les espaces de coworking sont des lieux de travail, de socialisation et d'opportunités professionnelles. On compte 2 500 espaces à l'heure actuelle et ce nombre double chaque année. Source : http://coworkingeurope.net/about-coworking-conference/coworking-europe-2014-lisbon/

8 https://copass.org

néanmoins le plus pertinent pour restituer le caractère discontinu et atomisé de ces activités[9].

VERS LA FIN DU TRAVAIL SALARIÉ ?

Comment ces activités à cheval entre service privé et prestation commerciale, auparavant cantonnées aux foyers en difficulté financière structurelle, ont-elles progressivement intégré le champ du travail ? Sont-elles plus proches du travail indépendant, librement choisi, ou d'une nouvelle forme de prolétariat ?

À juste titre, le travail à la demande cristallise les débats sur la fragmentation du monde du travail et ses causes. Son essor est-il seulement une conséquence de la crise du marché de l'emploi, qui contraint les individus à accepter n'importe quel job à n'importe quel prix ? Selon cette hypothèse, il suffirait que la croissance reparte pour que le chômage reflue et que les salaires reviennent à leur niveau d'avant la crise. Le travail à la demande ne serait alors qu'un substitut temporaire pour les travailleurs pauvres et les chômeurs. Il devrait, en toute logique, disparaître dès que l'on reviendra

9 Si les plateformes de consommation collaborative ont massifié et banalisé le travail à la demande, on ne peut leur imputer sa montée en puissance et la fragilité qu'il implique. Sur ce point, les techno-sceptiques, tels Evgeny Morozov et Trebor Sholtz, font souvent passer corrélation pour causalité : le travail digital serait le résultat d'une exploitation habile par les plateformes de la crise de l'emploi, pour aliéner une population précarisée. À l'origine de cette idée, on trouve en filigrane l'hypothèse que le travail est un concept stable dans le temps, ce qui est infondé du point de vue historique et socio-économique.

« à la normale », c'est à dire au plein-emploi. Les défenseurs de cette thèse s'opposent naturellement à toute révision du système de protection sociale pour l'adapter aux risques propres au travail indépendant.

Cependant, de plus en plus d'observateurs[10] affirment que la fragmentation des formes d'emploi et l'effritement du salariat sont irréversibles pour au moins deux raisons. D'abord, l'automatisation et la robotisation sont à l'origine d'une destruction nette sans précédent des emplois, à la mesure du rythme suivi par l'innovation technologique[11]. D'autre part, les nouvelles générations aspireraient à des formes de travail plus autonomes et choisies, participant à l'épanouissement individuel et permettant un impact social et environnemental positif.

À ceux qui s'empressent de mettre le chômage sur le compte de la dernière crise économique, on rétorquera que le marché de l'emploi est en crise depuis déjà quarante ans. Les symptômes n'ont pas changé : chômage structurel élevé, montée en puissance du travail temporaire, fragilisation des parcours et stagnation – voire baisse – des salaires réels. Si, par exemple, les États-Unis ont été relativement épargnés par le chômage avant la crise de 2008, la hausse soutenue de la productivité depuis 1970[12] a pour la première fois cohabité avec une parfaite stagnation des salaires

10 Voir les travaux d'André Gorz, de Jeremy Rifkin, d'Andrew McAfee et Erik Brynjolfsson, de Paul Jorion ou de Bernard Stiegler.

11 D'après une étude de Roland Berger, 3 millions d'emplois pourraient être détruits en France d'ici à 2025 : www.rolandberger.fr/actualites/ACTUALITES/2014-10-27-la-transformation-digitale-classes-moyennes.html

12 Bureau of Labor Statistics, US : http://commons.wikimedia.org/wiki/File:US_productivity_and_real_wages.jpg

réels[13], et même une légère baisse depuis 2008, alors même que la croissance est revenue dès 2010[14]. En France, c'est à partir du milieu des années 2000 que le rapport de force entre les *insiders* (les fameux CDI à temps plein) et les *outsiders* (CDD, intermittents du spectacle, temps partiels, etc.) a commencé à s'inverser. En 2012, dans le secteur privé, plus de 90 % des embauches sont des CDD ou des missions d'intérim[15].

Le véritable bourreau du travail salarié, c'est l'automatisation d'emplois toujours plus qualifiés[16]. Des segments entiers de la vie économique, associés encore récemment à des savoirs non rationalisables, sont gagnés par des algorithmes et des robots de plus en plus performants[17] : journalistes, banquiers ou avocats se trouvent concernés par cette évolution. Si celle-ci se poursuit, ce sera bientôt le tour des informaticiens, ingénieurs, designers et statisticiens, c'est-à-dire les emplois considérés aujourd'hui comme les plus qualifiés et rémunérateurs. Kevin Kelly,

---

13 Voir Heidi Shierholz et Lawrence Mishel, « A Decade of Flat Wages », Economic Policy Institute, 21 août 2013 : www.epi.org/publication/a-decade-of-flat-wages-the-key-barrier-to-shared-prosperity-and-a-rising-middle-class/#

14 http://data.worldbank.org/indicator/NY.GDP.MKTP.KD.ZG

15 D'après une étude de la Dares de janvier 2015, 36 % des CDI sont rompus en moins d'un an, cette proportion atteignant 45 % pour les moins de 25 ans.

16 Pour une analyse poussée bien que techno-centrée, voir Andrew McAfee et Erik Brynjolfsson, *The Second Machine Age : Work, Progress, and Prosperity in a Time of Brilliant Technologies*, W. W. Norton & Company, 2014.

17 Le débat sur la complémentarité ou la substitution du travail humain par les robots a longtemps opposé les tenants de la thèse de la fin du travail dans une société d'abondance (Jeremy Rifkin) et les partisans de la thèse de la destruction créatrice dans la lignée de Schumpeter. Comme le montrent McAfee et Brynjolfsson, les deux ont tort : la destruction nette d'emplois conduit à travailler plus et stimule une création d'emplois peu ou pas qualifiés, les emplois de service.

fondateur du journal *Wired* et analyste technologique, a résumé la dynamique en une phrase : « *Les robots feront tout ce qui peut être mesuré.* »

Plus que l'automatisation en elle-même, ce sont ses effets sociaux et culturels qui nous importent. Car si les fruits économiques du progrès technologique étaient partiellement distribués aux salariés depuis la seconde révolution industrielle[18], la transformation numérique a conduit à une redistribution des cartes beaucoup moins égalitaire. C'est ce que Andrew McAfee et Erik Brynjolfsson appellent « la grande dissociation » : alors que la technologie crée toujours plus de richesses à moindre coût, ses retombées bénéficient à une couche toujours plus étroite de la population. La pression sur les salaires des emplois qualifiés conduit au déclassement des couches moyennes, avec pour conséquences la montée des inégalités, une compétition accrue sur le marché du travail, des employeurs toujours plus exigeants et une destruction nette d'emplois salariés.

Mais si la robotisation nous pousse à imaginer des scénarios fantasmagoriques – de l'utopie d'une société oisive au cauchemar d'une masse déclassée –, c'est parce qu'elle bouscule nos représentations de la valeur économique, sociale et culturelle du travail. La remise en question du salariat remonte aux lendemains de la Seconde Guerre mondiale : en 1956, déjà, Georges Friedmann s'interrogeait sur la déshumanisation du travail des ouvriers à la chaîne dans son ouvrage fondateur *Le Travail en miettes*. Le penseur écologiste André Gorz fait de la perte de sens du

---

18 Voir *Le Capital au xxie siècle*, Le Seuil, 2013 : Thomas Piketty montre que la distribution des fruits de la croissance ne bénéficie plus au travail depuis vingt ans.

travail, toujours plus spécialisé, hétéronome et routinier, une cause majeure de la fin annoncée du travail salarié[19].

Depuis vingt ans, le désenchantement touche de plein fouet les cadres. Dans un article qui a beaucoup tourné sur Internet en 2013[20], l'anthropologue David Graeber dénonce ces « jobs à la con » qui constituent le quotidien des cadres supérieurs. Ses mots ont particulièrement résonné avec l'expérience des membres de la communauté OuiShare. Les espoirs de décrocher un travail passionnant et bien payé, au terme de longues études, se sont heurtés à la réalité : emplois routiniers, ennuyeux, dévalorisants, parfois épuisants et souvent mal payés. Le pamphlet de Graeber a touché une corde sensible : lotis dans des bureaux sans âme devant un tableur, beaucoup d'entre nous étions incapables de comprendre à quoi pouvait bien servir le travail accompli durant ces heures interminables. Enfin si, nous le devinions : notre labeur servait à maximiser la valeur pour l'actionnaire.

Car la pression des actionnaires conduit les dirigeants à se focaliser sur les seuls enjeux de performance[21]. Le travail salarié est chaque jour plus soumis à une batterie d'indicateurs de productivité et de rentabilité, bien loin des préoccupations de sens et d'autonomie. Or, la dégradation des conditions socio-économiques du travail a rendu encore moins supportable cette perte d'autonomie, comme

19 André Gorz, *Métamorphoses du travail : Critique de la raison économique*, Folio essais, 2004.

20 « On the Phenomenon of Bullshit Jobs », *op. cit.*

21 L'entreprise américaine Cisco a ainsi licencié 21 000 personnes depuis 2011 (sans les remplacer par des robots !) pour financer le rachat d'environ 22 milliards de dollars d'actions, augmentant la valeur de l'entreprise pour les actionnaires.

s'il s'agissait uniquement de produire toujours plus pour gagner plus et consommer plus, sans que l'on comprenne vraiment par quelle ruse cette boucle productiviste est devenue le métronome de nos vies.

ENTRE AUTONOMIE ET PRÉCARITÉ, NOTRE SORT BALANCE

On parle désormais de *job out* pour désigner cet abandon volontaire d'un emploi stable au profit de projets autonomes et porteurs de sens[22]. Une partie des membres les plus actifs de OuiShare sont ou ont été des « *job-outeurs* », parfois de manière prolongée, parfois pour entamer une période de transition entre un emploi alimentaire et un emploi correspondant davantage à des aspirations profondes. Mais l'expérience de cet exode loin du cocon protecteur du salariat est parfois plus douloureuse que les intéressés ne veulent bien l'admettre. Si Pôle Emploi et la pratique de la rupture conventionnelle du contrat de travail constituent souvent une béquille financière, cette décision met à rude épreuve les défenses psychologiques de ceux qui, jusque-là, ont suivi une route toute tracée pendant près de vingt-cinq ans. Au sein de OuiShare, nous nous efforçons d'éviter autant que possible les discours naïfs à la gloire de l'entrepreneuriat et du travail indépendant. Car nous avons pris toute la mesure des difficultés qu'il y a à

22 Voir l'article de Marc-Arthur Gauthey sur le phénomène du *job out* des jeunes, « Ces jeunes talents qui partent en courant » : http://magazine.ouishare.net/fr/2015/02/ces-jeunes-talents-qui-partent-en-courant

suivre ses aspirations en dehors des sentiers battus, dans un système encore majoritairement défini par le travail salarié.

Si le *job out* relève d'un choix personnel, c'est beaucoup moins le cas pour le travail à la demande. Le conducteur d'un service de VTC (voiture de tourisme avec chauffeur) de type Uber ou Lyft utilise sa voiture privée ou louée pour transporter des passagers, qui ont réservé leur voyage sur une plateforme en ligne[23]. Celle-ci prend en charge tous les aspects pratiques liés à la transaction et prélève des frais. Le service est fourni non plus par une entreprise, mais par le conducteur lui-même. Ainsi, les plateformes ressemblent bien davantage à des opérateurs de marchés qu'à des entreprises de service. Quant aux travailleurs à la demande, ils pourraient être assimilés à des micro-entrepreneurs dont l'outil de travail est leur propriété privée.

Nous sommes bien loin de l'image énergique, volontaire et épanoui de l'entrepreneur du numérique, véhiculée par les plateformes de l'économie du partage. Le travailleur à la demande est dans une situation juridique et économique fragile. La plateforme n'agit plus comme un employeur qui absorbe les charges et les risques (chômage, santé, retraite), mais comme une boîte noire qui transfère les risques sur ses « fournisseurs ». Il n'y a pas de relation juridique d'employeur à employé, ni avec la plateforme, ni avec celui qui bénéfice du service. Le gros du bataillon des travailleurs à la demande est formé par des individus qui y trouvent une source de revenu, principale ou complémentaire, à l'instar des utilisateurs de plateformes de consommation

23 On peut aussi mentionner les fournisseurs de micro-services, telle la plateforme de *jobbing* Elance-oDesk.

collaborative. Aucune recherche n'a encore été conduite sur les motivations qui poussent certaines personnes à se lancer dans ce type d'activités, aussi est-il difficile de savoir si ces nouvelles formes de travail relèvent d'un choix contraint ou de la recherche d'opportunités que le salariat n'offre plus. Notre expérience au contact de certains de ces travailleurs interdit de tirer un jugement définitif : ces deux motivations ne sont pas exclusives l'une de l'autre. Ainsi, selon les données (très contestées) délivrées par Uber[24], le revenu d'un conducteur Uber est un tiers plus élevé que celui d'un chauffeur de taxi aux États-Unis (19 $ contre 13 $). Mais plus de 32 % des conducteurs n'y voient qu'un job temporaire en attendant de trouver un « vrai » emploi, tandis que 40 % d'entre eux n'en tirent pas leur revenu principal. De l'autre côté du spectre, une bonne partie des tâches proposées sur la plateforme de *jobbing* Amazon Mechanical Turk ne rapportent pas plus de 99 centimes.

UN PROLÉTARIAT TAILLÉ POUR LE XXIᴱ SIÈCLE ?

La polémique autour du travail à la demande a trouvé pour cible principale les plateformes de consommation collaborative. Mais ces dernières ne sont que la partie visible de l'iceberg : la captation de valeur au détriment de ces travailleurs sans contrat de travail touche chaque jour de nouveaux secteurs économiques. Les travailleurs temporaires,

24 http://time.com/money/3678389/uber-drivers-wages/ ; https://lawreview.uchicago.edu/page/social-costs-uber

les professions créatives et culturelles[25] et tous ceux dont l'outil de travail peut se résumer à un cerveau et un ordinateur sont les premiers concernés. Leur pouvoir de négociation est quasi nul. Ils ne sont représentés par aucun syndicat et ne sont pas (ou peu) protégés par le cadre réglementaire. Parce qu'il permet aux professions culturelles d'échapper dans une large mesure à la précarité, le statut d'intermittent du spectacle nous est par exemple envié par les pays dont le modèle social est beaucoup moins protecteur.

Dans son livre consacré à la crise du travail culturel à l'heure d'Internet, *The People's Platform*[26], Astra Taylor explique que la concurrence féroce dans le monde de l'art et de la culture a généralisé le bénévolat, plongeant les travailleurs culturels dans une profonde précarité. Parce qu'Internet permet à n'importe qui de partager et diffuser sa création à coût marginal nul, les artistes professionnels subissent la concurrence de tous les internautes, qui acceptent de diffuser leur production de façon volontaire et gratuite. Il en résulte une injonction implicite : puisque les artistes se satisfont des retombées immatérielles de leur travail – plaisir, réputation, expérience – il n'y a pas de raison qu'on leur donne, en plus, de l'argent ! Les nobles motivations de ceux qui ont choisi une activité artistique sont habilement détournées par des entités commerciales afin de justifier une captation de la valeur économique.

---

25 Le cas des professions créatives et culturelles a été très bien traité dans l'ouvrage de Patrick Cingolani, *Révolutions précaires, Essai sur l'avenir de l'émancipation*, La Découverte, 2014.

26 Astra Taylor, *The People's Platform : Taking Back Power and Culture in the Digital Age*, Metropolitan Books, 2014.

Nous sommes ainsi à un moment charnière. Soit une société de travailleurs autonomes et indépendants émergera, avec un revenu et une protection sociale décents ; soit le travail à la demande mettra à bas tous les remparts contre la précarité bâtis depuis plus d'un demi-siècle par l'État-providence, sans les remplacer par un nouveau système de protection. Loin de bénéficier aux travailleurs, cette fragmentation du travail donnerait aux détenteurs du capital et des plateformes un pouvoir de négociation démesuré face à une armée éclatée de personnes précaires, prêtes à accepter un travail à n'importe quel prix.

REPENSER LA SOLIDARITÉ

Comment faire en sorte que notre société s'engage sur le chemin de l'autonomie plutôt que sur celui de la précarité ? Il faudrait mettre en place un système de sécurité sociale qui protège tant les indépendants et les travailleurs à la demande que les salariés classiques, en mutualisant les risques. De nombreuses initiatives se font jour. En voici trois, particulièrement prometteuses. Sans préjuger de leur efficacité et d'éventuels effets pervers, elles méritent *a minima* une expérimentation.

• Des syndicats 3.0 pour des travailleurs indépendants

Les nouveaux travailleurs ont besoin d'une communauté qui puisse représenter leurs intérêts communs auprès de leur « employeur » indirect, par exemple les plateformes. Il s'agit de rééquilibrer le pouvoir de négociation entre des plateformes monopolistiques et une myriade d'individus isolés. Alors que les syndicats traditionnels pèsent dans toutes les négociations collectives, les travailleurs non salariés ont encore très peu de moyens de faire valoir leurs intérêts.

Il en est tout autrement aux États-Unis, où le nombre de free-lances sera bientôt supérieur à celui de salariés. C'est afin de protéger les intérêts de ces indépendants que Freelancers Union[27] s'est créé, en offrant un ensemble de services habituellement pris en charge par les employeurs, notamment la protection médicale. Le réseau compte aujourd'hui plus de 250 000 membres. En créant une sécurité sociale publique, la réforme « Obamacare » a réduit la raison d'être de ce syndicat, qui cherche maintenant à se positionner comme une communauté unie par un sentiment d'appartenance, voire une conscience de classe.

Initialement conçu comme un lobby au service des plateformes, Peers[28] s'est récemment converti à l'information et cherche à fédérer les travailleurs de l'économie du partage. À ce stade, cette structure n'est pas beaucoup plus qu'une base de ressources en ligne sur les questions de légalité, de fiscalité, de couverture sociale et de sécurité. Mais tout comme Freelancers Union, son objectif est de devenir plus qu'un syndicat : une véritable force de négociation capable de faire valoir ses revendications face aux plateformes.

27 www.freelancersunion.org

28 www.peers.org

• Les coopératives d'activité et d'emploi : un mutualisme distribué

Si la France manque de syndicats au XXIe siècle, elle offre un modèle collectif que nous envient nombre de nos voisins européens : les Coopératives d'activités et d'emploi (CAE). Ce sont des Sociétés coopératives et participatives (Scop) destinées aux entrepreneurs et aux travailleurs indépendants, agissant comme un système de solidarité pour offrir à leurs adhérents la plupart des avantages dont bénéficient les salariés : un salaire et une couverture sociale. L'entrepreneur signe un CDI avec la CAE, pour lisser ses revenus sur la durée en fonction de son niveau d'activité. La CAE prend en charge toutes les démarches administratives, pour que le travailleur puisse se concentrer uniquement sur son cœur de métier. Les plus connues sont Coopaname et Port Parallèle[29].

La mission de la CAE dépasse la simple mutualisation des risques : elle vise à construire une communauté qui partage des valeurs, une gouvernance et, à terme, un capital. Les entrepreneurs peuvent en effet entrer dans le capital de la CAE en devenant sociétaires de la coopérative. Port Parallèle propose également une « Déclaration universelle de l'entrepreneuriat coopératif », qui affirme le principe d'une gouvernance démocratique déconnectée du capital.

Bien qu'encore très minoritaires, les CAE sont un modèle prometteur : tout en offrant une assurance à ceux qui supportent les risques les plus importants, elles ouvrent la voie à la distribution de la gouvernance et du capital. Tandis que les travailleurs à la demande de l'économie du

---

29 www.coopaname.coop et http://portparallele.com

partage ne possèdent en réalité que leur capital privé, les CAE proposent un modèle pouvant à terme se transformer en véritable système d'entrepreneuriat-production.

• Un revenu minimum pour les travailleurs à la demande

On pourrait penser que les entreprises se réjouissent de la pression à la baisse sur les coûts du travail. Mais la guerre des salaires n'apporte rien de bon : au-delà de ses conséquences sociales et politiques désastreuses, du risque de prolétarisation des masses, c'est une stratégie d'entreprise médiocre. La productivité baisse, la qualité du travail se dégrade, l'absentéisme augmente, les meilleurs travailleurs désertent l'entreprise. C'est ce constat qui a conduit les grandes entreprises industrielles du passé, et Ford en premier lieu, à augmenter les salaires de leurs ouvriers. En 1957, le philosophe Alexandre Kojève expliquait déjà « qu'il est avantageux, non seulement du point de vue politique, mais encore de celui de l'économie elle-même, de payer pour le travail non pas le minimum, mais le maximum possible[30] ».

C'est l'un des arguments principaux en faveur de la mise en place d'un revenu universel[31] : un travailleur dont les besoins primaires sont couverts sera mieux armé face à son employeur. Et l'on éviterait que son revenu tombe en dessous d'un certain seuil, en particulier lorsqu'il représente son principal gagne-pain.

---

30 Les deux parties de cette conférence publiées dans *Commentaire* sont téléchargeables sur le blog de Paul Jorion : www.pauljorion.com/blog/2014/10/07/a-partir-dune-conference-de-kojeve-par-nikademus

31 Pour un tour d'horizon très succinct, clair et complet de l'histoire et enjeux du revenu universel, voir *l'Inconditionnel*, le journal du revenu de base : http://linconditionnel.info

Ce système assurantiel distribué pourrait être vu comme une compensation de la captation par les plateformes d'une partie de la valeur créée par les contributions, notamment l'utilisation des données privées. C'est la logique à l'origine du tournant pris par la plus importante plateforme de *jobbing* aux États-Unis : TaskRabbit[32]. Son modèle était à l'origine fondé sur l'enchère : un demandeur postait une demande de tâche sur le site, et les co-contractants de la plateforme proposaient un prix et des modalités d'exécution pour ce service. Mais au fil du temps, la qualité et la satisfaction des utilisateurs se sont fortement dégradées, notamment en raison d'une chute libre du taux d'achèvement des tâches. TaskRabbit a ainsi abandonné l'enchère pour adopter un système plus conforme au travail à la demande. Désormais, chaque tâche à un prix fixe et aucun co-contractant ne peut fixer un taux horaire inférieur à 14 $.

CONCLUSION

Le travail indépendant, les activités entrepreneuriales et les contributions immatérielles seront au centre de l'organisation du travail de demain, qui ne sera plus réductible aux seules performances techniques, économiques et comptables. Il ne s'agit pas de dénigrer les « mauvaises » formes du travail et d'encenser les « bonnes », mais d'ouvrir la voie à une multitude de possibilités sans *a priori* économique ou moral et d'éviter les inégalités économiques et statutaires rédhibitoires. Ainsi, certains citoyens pourraient

32 25 000 personnes gagnent leur vie *via* TaskRabbit, dont 10 % à plein temps.

réduire le temps dédié au travail « laborieux » – poursuivi pour des buts purement économiques, qui s'imposent au travailleur sans qu'il ait son mot à dire ou même sans qu'il ait connaissance des objectifs du travail accompli – pour se consacrer aux tâches qui créent de la valeur non exclusivement économique pour la société et le travailleur lui-même.

En d'autres termes, nous devons sortir d'une vision hiérarchique du travail, que ce soit sur le plan économique, social ou moral : entre les activités plus ou moins prestigieuses, entre les « cols bleus » et les « cols blancs », entre les super diplômés et les recalés, entre les intellectuels et les manuels. Ces discriminations statutaires sont toxiques pour l'épanouissement des talents et source d'une polarisation entre une élite toujours plus étroite et une masse toujours plus pauvre. Elles contribuent à faire de notre société un système ossifié et inégalitaire. Notre objectif : permettre aux individus de valoriser leur travail en fonction de la valeur qu'il génère, sous toutes ses formes.

Diana Filippova

L'éducation au XXIe siècle : l'âge de « l'encapacitation* »

*Néologisme exprimant l'action de formation d'un individu afin qu'il trouve sa place dans la société. Le terme anglais *empower* est très utilisé dans le champ de l'éducation et de la formation.

« Je voudrais avoir dix-huit ans, l'âge de Petite Poucette et de Petit Poucet, puisque tout est à refaire, puisque tout reste à inventer. »
Michel Serres

« Les professeurs sont irremplaçables : ils vous apprennent à apprendre. »
Julien Green

« Sais-tu la différence entre un professeur et un outil ? Non ? Le mauvais prof n'est pas réparable. »
Daniel Pennac

Nouveaux modèles économiques, nouvelles possibilités, nouveaux usages : nous assistons à une transformation radicale des modes d'enseignement et d'apprentissage. Pourtant, en France, la plupart des institutions en charge de l'enseignement semblent se tenir à l'écart de ces évolutions. Tandis que l'information et les savoirs formels sont accessibles sur Internet[1], les cours magistraux dans d'austères amphithéâtres apparaissent de plus en plus anachroniques. Le rôle des « sachants » doit évoluer, gagner en agilité et retrouver sa mission d'accompagnement de la pensée. L'enseignement du doute, de la réflexion, de l'humilité, de la capacité à apprendre et à se remettre en question tout au long de la vie est plus nécessaire que jamais.

1 En janvier 2015, Wikipedia déclare 29 millions d'articles dans 280 langues, et 480 millions de visiteurs uniques par mois.

Car, pour se réinventer, les entreprises et les institutions ont besoin d'entrepreneurs et d'innovateurs, et non de gestionnaires.

Les logiques de reproduction sociale et de légitimation des statuts l'emportent trop souvent en matière d'éducation. En dépit de sa vocation initialement méritocratique, la culture du diplôme a laissé s'installer un système éducatif à deux vitesses. Les institutions prestigieuses et sélectives ont éclipsé un enseignement public aux formations de moins en moins reconnues. Les classements internationaux, à l'instar du classement de Shanghai, ont fait entrer la compétition dans l'ADN des établissements : attirer les meilleurs élèves à tout prix.

L'apprentissage par la compétition se retrouve d'ailleurs à tous les niveaux, dès les premières années d'école, alors même que les logiques collaboratives sont au fondement de la créativité et du vivre ensemble. Le diplôme détermine de plus en plus un statut économique et social qu'on atteint par un écrémage fondé sur la concurrence permanente. Et comme l'obtention d'un diplôme, de préférence prestigieux, est encore la stratégie qui protège le mieux les jeunes du chômage[2], les étudiants sont contraints de s'endetter[3] à des

---

2 Voir l'enquête du Céreq auprès de la génération des jeunes diplômés 2010 : www.cereq.fr/index.php/publications/Bref/Enquete-2013-aupres-de-la-Generation-2010-Face-a-la-crise-le-fosse-se-creuse-entre-niveaux-de-diplome

3 Selon le Manhattan Institute for Policy Research, la dette des étudiants américains a doublé entre 2007 et 2012. En 2014, elle représentait 1 200 milliards de dollars. En France, 12,5 % des étudiants ont emprunté en 2014, contre 8 % en 2008. Source : FinancetesEtudes.com

niveaux parfois colossaux, avec des conséquences dramatiques sur leurs vies à la sortie du système éducatif[4]. Si tant est qu'elle ait jamais existé, l'école de la République, qui donnait sa chance à tous, n'existe plus.

VERS DE NOUVEAUX MODÈLES

Certains des modèles d'éducation qui se dessinent en ce début de millénaire ont quelque chose de l'*École d'Athènes*. Dans la fresque de Raphaël, l'éducation est au cœur de la Cité, un lieu de vie et de rencontres ouvert à tous. Et même si tout ce qui brille n'est pas or, la créativité ambiante en matière de pédagogie donne de bonnes raisons de s'enthousiasmer.

Le cas de l'école 42 cristallise l'ambivalence au cœur des nouvelles méthodes éducatives. École d'informatique gratuite créée par Xavier Niel, 42 n'exige ni ne délivre aucun diplôme. La pédagogie s'appuie ici sur l'enseignement de pair-à-pair, l'autonomie des élèves et un rythme de travail très soutenu[5]. Bien qu'ouvert à tous, le long processus de sélection à l'entrée est particulièrement rude. En 2014, cinquante mille candidats se

---

4 Aux États-Unis, en 2012, le collectif Strike Debt a lancé Rolling Jubilee, un mouvement citoyen qui utilise le système financier contre lui-même. Financé grâce à un appel aux dons, Rolling Jubilee rachète la dette des ménages américains insolvables sur le marché secondaire puis l'annule. En trois ans l'association a ainsi annulé quatre millions de dollars de dettes étudiantes rachetées sur les marchés pour un peu plus de cent mille dollars.

5 Selon Nicolas Sadirac, le directeur général de 42, il faut être prêt à travailler quatre-vingt heures par semaine.

sont présentés. Parmi les mille reçus, un quart n'avait pas le bac. « *Le système éducatif ne marche pas* », explique Xavier Niel. « *On peut être en échec scolaire et pourtant correspondre à ce qui est un génie en informatique*[6]. » Le milliardaire, qui a investi dans l'aventure plusieurs dizaines de millions d'euros, est aussi un homme d'affaires avisé. Il a désormais sous la main un vivier de talents, formé à sa culture, dont une partie rejoindra ses équipes sans passer par le filtre des cabinets de chasseurs de tête. Les autres créeront des start-up dans lesquelles il investira peut-être, ou iront travailler ailleurs. Cependant, la formation aux métiers du numérique par 42 répond à une stratégie de corps assez classique. Qui sait si le corps d'élite du XXIe siècle ne portera plus les valeurs de l'ENA ou de Polytechnique, mais celles de l'école 42 ?

Cet exemple témoigne de l'émergence de modèles éducatifs gratuits, privés et indépendants. Beaucoup privilégient l'apprentissage de la coopération, l'individualisation des parcours et le plaisir. Toujours plus nombreuses et accessibles, ces alternatives cherchent à décloisonner les temps scolaire, personnel et professionnel, et à articuler l'apprentissage actif, individuel et collectif. Ce sont les principes mêmes de l'éducation traditionnelle qui sont ainsi ébranlés : l'autorité du sachant, la chronologie du savoir, la compétition ou encore l'apprentissage en silos. L'objectif est de permettre à chacun d'apprendre selon son rythme et ses besoins, tout au long de la vie.

---

6 www.42.fr/ledito-de-xavier-niel

Les nouvelles méthodologies d'apprentissage se déclinent en quatre leviers : l'espace, le temps, l'enseignement et l'expérience.

L'ESPACE : APPRENDRE PARTOUT

Internet, les réseaux sociaux, les smartphones : autant de moyens qui permettent à chacun d'apprendre d'à peu près n'importe où. Exit les limites physiques. Plutôt qu'un substitut à la salle de classe, les lieux d'apprentissage virtuels offrent des méthodes et des rythmes complémentaires. Les méthodes les plus innovantes sont celles qui combinent au mieux outils collaboratifs virtuels et interactions physiques.

• Apprendre avec les MOOC

Les MOOC[7] sont des lieux virtuels d'un nouveau genre qui mettent en relation les élèves et les enseignants du monde entier. Chaque MOOC est conçu pour être diffusé en ligne. Il prévoit des échéances, des examens, une reconnaissance en cas de réussite et des interactions entre apprenants. Visibles et disponibles sur des plateformes faciles à utiliser, ces cours sont souvent de qualité et gratuits. Ils demandent un investissement personnel hebdomadaire raisonnable, de l'ordre de quelques heures, et leur durée totale, en général de cinq à six semaines, demeure assez courte pour ne pas être décourageante. Les meilleurs cours

---

7 *Massive Open Online Courses* ou *Formation en Ligne Ouverte à Tous* (FLOT).

des meilleures universités du monde peuvent ainsi être suivis par des centaines de milliers d'étudiants. Lors du lancement du premier cours de la plateforme edX, fondée en 2012 par le Massachusetts Institute of Technology et l'université Harvard, 155 000 étudiants de 162 pays différents s'étaient inscrits[8]. Quelques mois plus tard, Anant Agarwall, le professeur qui avait conçu ce cours sur les systèmes électroniques, expliquait : « C'est plus que le nombre total d'anciens élèves du MIT depuis 150 ans. » En France, le MOOC *Du Manager au Leader 2.0*, proposé par le Cnam sur la plateforme France Université Numérique (FUN), a lui aussi connu un franc succès avec plus de 50 000 inscriptions en deux sessions[9].

Mais tout cela coûte très cher. Aujourd'hui, seules quelques institutions prestigieuses sont en mesure de créer et de diffuser de tels contenus gratuitement, ce qui ne va pas sans un risque hégémonique et l'émergence d'un nouveau *soft power*. Que se passera-t-il si une plateforme de MOOC devenait aussi puissante que le sont les fameux GAFA (Google, Apple, Facebook, Amazon) ? Tandis que les pays en développement seront tentés par leur utilisation à grande échelle, ne risque-t-on pas un néo-colonialisme éducatif, *via* l'homogénéisation de l'analyse et des savoirs transmis ? Cet outil permet de démocratiser l'accès au savoir, mais il convient de conserver un certain sens critique.

---

8 www.edx.org

9 www.france-universite-numerique.fr

• Réinventer la salle de classe

Dans un monde où l'école est partout et nulle part à la fois, l'avenir des salles de classes semble menacé. Mais les possibilités offertes par le numérique ouvrent la voie à une autre expérience de la rencontre physique. Les outils tels que la plateforme Meetup[10] donnent lieu à des événements physiques, encourageant la création de communautés locales qui prolongent dans la vie réelle les liens créés en ligne. La plupart des MOOC débouchent sur des rendez-vous spontanés entre les participants dans les grandes villes pendant – et parfois après – la durée du programme.

Les « tiers lieux » ont aussi cette vocation. Selon la définition de MoviLab[11], collectif d'étude et de diffusion des modes de vie durable, ce sont « *des espaces physiques ou virtuels de rencontres entre personnes et compétences variées qui n'ont pas forcément vocation à se croiser* » : espaces de coworking, *hackerspaces*, *makerspaces*, *fablabs*, etc. Depuis 2004, leur nombre a doublé tous les deux ans. On en compte à peu près 6000 dans le monde en 2015. À mi-chemin entre le café, le bureau et le laboratoire, ils sont conçus pour être des lieux d'interactions, d'entraide et de pollinisation des projets. S'y développent de nouveaux modes d'apprentissage qui pourraient inspirer les écoles et universités. Initialement destinés aux travailleurs indépendants, de nombreux espaces de coworking proposent désormais des programmes de formation à l'attention de leurs membres. À New York, l'espace General Assembly a définitivement cessé la location de bureaux en 2013 pour se

---

10 Meetup.com est un réseau social qui organise des rencontres physiques de groupes unis par un intérêt commun, à l'image de clubs ouverts à tous.

11 http://movilab.org

concentrer uniquement sur ses programmes de formation au code informatique, à l'entrepreneuriat et au design. General Assembly est devenue une école privée d'un nouveau genre, et compte aujourd'hui plus d'une vingtaine de sites dans le monde. De même à Paris, les membres de l'espace Mutinerie dispensent des formations dans le cadre du programme Mutinerie School.

LE TEMPS : APPRENDRE TOUT LE TEMPS

La disparition des limites spatiales de l'apprentissage va de pair avec la fin des contraintes temporelles. Les cours du soir et par correspondance ont longtemps constitué les seules solutions pour celles et ceux qui ne peuvent se rendre physiquement disponibles pendant la journée. Désormais, les programmes d'enseignement en ligne offrent à chacun le choix du rythme et du moment.

- **Apprendre à son rythme**

La redéfinition du temps de l'éducation passe d'abord par une adaptation des rythmes aux capacités et besoins de chacun. Des leçons plus courtes. Mettre en pause l'explication d'un professeur. Revenir en arrière. Recommencer. Faire un exercice, voir immédiatement la correction. Disposer d'exercices en fonction de son niveau de compréhension d'un chapitre. Ne pas avoir honte face au reste de la classe. Avoir le droit d'être plus lent ou plus rapide. Le succès de la Khan Academy[12] repose sur la conjonction de tous ces

12 https://fr.khanacademy.org

éléments. En 2004, l'Américain Salman Khan, alors analyste financier, aide sa petite cousine en lui donnant des cours de mathématiques *via* des vidéos courtes qu'il publie ensuite sur YouTube. Rapidement, ces vidéos atteignent des millions de vues. En 2009, il crée la Khan Academy. Celle-ci propose désormais des milliers de vidéos pédagogiques accessibles à tous. Des millions de personnes apprennent et progressent en utilisant ces ressources, de plus en plus adoptées par les professeurs.

• Intégrer l'apprentissage tout au long de la vie dans les établissements

La conjonction entre les nouveaux outils virtuels et la déconstruction des temps d'éducation traditionnels ouvre la voie au *Lifelong Learning*, ou « apprentissage tout au long de la vie ». Si l'apprentissage flexible rencontre tant de succès, c'est qu'il répond au besoin de continuer à se former à différents moments de la vie. Que l'on soit porté par des motivations personnelles ou professionnelles, l'accélération technologique et les mutations sociales exigent une remise à niveau quasi permanente des savoirs. Or, le système éducatif est toujours organisé de manière à ce que le parcours d'un étudiant s'achève autour de 25 ans. Quant à la formation professionnelle, elle est à la traîne en termes de méthodes et de contenu. La formation en ligne apporte ainsi une première réponse aux besoins d'une éducation permanente.

Et si les établissements d'enseignement supérieur se convertissaient à l'éducation tout au long de la vie ? Certaines grandes écoles proposent déjà des parcours de formation à leurs anciens élèves, mais ces filières *Executive*

Education restent encore élitistes et coûteuses. Plutôt qu'à financer l'impression de bottins et de dîners de gala, la cotisation aux associations d'anciens élèves ne pourrait-elle être utilisée pour que les diplômés reviennent s'asseoir aux côtés des étudiants ? Ne pourrions-nous être abonnés à l'université comme nous le sommes à une bibliothèque de quartier, pour apprendre en fonction de nos besoins, de nos envies et du temps dont nous disposons ?

LA TRANSMISSION : ENSEIGNER AUTREMENT, AUTRE CHOSE

Nous avons tous le souvenir douloureux d'interminables heures de cours. L'ennui n'a pas quitté les salles de classe : cachés derrière leurs écrans d'ordinateur ou les yeux rivés sur leur tablette, les étudiants tuent désormais le temps sur Facebook. Le professeur est en concurrence avec l'infinité d'informations qu'offre Internet, y compris la possibilité de vérifier immédiatement la pertinence et la véracité des informations transmises. Son autorité et son statut ne suffisent plus à nouer une relation profonde avec ses étudiants.

Rien ne remplace un professeur en chair et en os, dont l'expérience est précieuse pour développer l'esprit critique des élèves. Mais la position des enseignants doit évoluer.

• Des alternatives à l'enseignement magistral

À mi-chemin entre le stage intensif et les jeux de rôle, les séminaires d'intelligence collective et d'entrepreneuriat prennent ainsi leurs quartiers dans les établissements.

On peut mentionner ici le Startup Weekend[13], qui consiste à créer une entreprise en 54 heures avec des personnes que l'on ne connaît pas ; le BarCamp, atelier d'innovation participative, ou « non-conférence », dont le contenu est intégralement apporté par les participants ; souvent proposé par de grandes entreprises ou des ONG, un Hackathon (mot-valise constitué de « hack » et « marathon ») se forme autour de porteurs de projets avec l'ambition de produire un prototype technique en quelques heures ; sur le modèle des jeux vidéo, les *serious games* recréent une situation de la vie professionnelle afin de donner une dimension ludique à l'apprentissage. À en juger par l'afflux et l'enthousiasme des étudiants, nul doute que ces derniers ont l'impression d'apprendre vite et mieux, tout en trouvant un épanouissement inédit dans la conduite de projets concrets en équipe. L'expérience et la motivation l'emportent sur la carotte et le bâton.

• Collaborer entre enseignants

Les plateformes d'échanges, de partage d'idées et de ressources entre enseignants sont de plus en plus nombreuses : Scientix.eu est une communauté européenne de partage de matériel pédagogique pour les enseignants de matières scientifiques ; Classroom 2.0[14] est un réseau social d'enseignants qui cherchent à utiliser les médias sociaux dans leur pédagogie ; en France, le Printemps de l'éducation[15] est une association nationale de partage des

13 http://startupweekend.org
14 www.classroom20.com
15 www.printemps-education.org

innovations pédagogiques aux niveaux primaire et secondaire. L'enseignant qui le souhaite a désormais accès à des communautés de pairs dans le monde entier, avec qui il peut échanger son contenu, sa méthodologie, expérimenter et réapprendre chaque jour à enseigner.

• Apprendre, c'est un jeu !

L'apprenant du XXIe siècle sera acteur de son parcours éducatif. C'est en tout cas la conviction qui fonde la pédagogie scénarisée, notamment inspirée par le jeu vidéo. Pour favoriser l'engagement et la participation des élèves, un parcours d'apprentissage peut être mis en scène de façon ludique, à la manière d'un jeu. La *gamification* (ou « ludification » en français) rencontre ainsi un large succès, notamment en ligne.

Les modalités d'évaluation s'adaptent : plutôt que de noter, on valorise la réussite et on motive l'apprenant grâce à des récompenses. Les « chapitres » deviennent des « niveaux », que l'on franchit en accumulant des points. La plateforme Treehouse[16], dédiée à l'apprentissage du développement informatique, est conçue de telle sorte que les récompenses acquises en ligne sont des arguments bien réels qui peuvent être mis en avant dans un CV. C'est aussi le principe de Mozilla Open Badges[17], où les récompenses peuvent être importées dans un profil LinkedIn afin d'attester de compétences techniques.

---

16 https://teamtreehouse.com

17 http://openbadges.org

L'EXPÉRIENCE : APPRENDRE EN COLLABORANT

Nous l'avons dit : les méthodes classiques d'enseignement, le système de notation par exemple, sont fondées sur la compétition entre les élèves. Or ce n'est pas cet esprit guerrier qui apportera créativité et épanouissement aux étudiants, mais la mise en place d'un environnement où la transmission des savoirs et la conduite des projets est collaborative et ouverte.

• L'apprentissage pair-à-pair : apprendre en enseignant

Au sein de 42, des méthodologies de pédagogie active ou de certains MOOC, les élèves se substituent peu à peu au professeur pour répondre à des questions, proposer des ressources, créer et corriger des évaluations ou des exercices. La qualité de la pédagogie s'améliore corrélativement au nombre de participants, et donc d'interactions et de contributions. Une partie de l'apprentissage consiste d'ailleurs à enseigner aux autres ce que l'on a déjà assimilé. C'est le principe du *learning by teaching* : « apprendre en enseignant ». La plupart des MOOC incitent les étudiants des sessions précédentes à revenir sur la plateforme pour animer les forums et répondre aux questions des élèves qui suivent leurs pas.

Pourquoi ne pas généraliser ces méthodes dans la vie réelle, en favorisant les interactions entre niveaux et entre disciplines ? Car s'il est bien une chose que l'univers numérique ne peut créer, c'est la rencontre physique et l'expérience. Voilà pourquoi l'école, dans sa conception la plus classique de lieu physique, demeure essentielle.

• Apprendre par l'action et l'impact

Il ne suffit pas de collaborer à l'intérieur d'un établissement, encore faut-il créer des ponts entre l'école et le monde extérieur. Or, les programmes académiques sont rarement en prise directe avec le monde, alors que la motivation et l'engagement des apprenants augmentent avec l'impact réel d'un projet. L'engouement pour les *living cases,* ces cas d'études soumis par des organisations et des entreprises qui se trouvent face à un défi concret et immédiat, témoigne de l'avenir d'un enseignement appliqué offrant aux étudiants une expérience quasi professionnelle. Les élèves disposent ainsi d'un terrain d'expérimentation, tout en faisant bénéficier les organisations partenaires d'un soutien original. En France, ces formats se développent notamment au sein des écoles, avec les Bâtisseurs de possibles[18], ou des universités, avec SenseSchool[19].

• Favoriser la cocréation de solutions innovantes

En France, les grandes écoles bénéficient sans conteste de marges de manœuvre matérielles et pratiques supérieures à celles de l'enseignement primaire et secondaire, très contraint par les instructions officielles du ministère de l'Éducation nationale. C'est ainsi à l'initiative de jeunes diplômés de grandes écoles, convaincus que l'amélioration de l'enseignement supérieur passera par une collaboration entre étudiants, professeurs et entrepreneurs du secteur éducatif, que l'association NOISE[20] a vu le jour. Cette

18 www.batisseursdepossibles.org

19 http://senseschool.fr

20 Nouvel Observatoire de l'Innovation Sociale et Environnementale ; www.the-noise.org

dernière invente et expérimente bénévolement d'autres façons d'apprendre et d'enseigner au sein d'établissements tels que l'ESCP Europe, Science Po Paris, l'université Paris-Dauphine, AgroParisTech ou l'Essec. Chaque année depuis 2012, l'association organise la Change It Yourself Education : les participants animent des débats sur les enjeux qui les concernent et s'engagent à mettre en place les solutions conçues de façon collaborative. En 2014, ils relevaient dix défis principaux liés à l'enseignement supérieur :

Transdisciplinarité :
comment favoriser la pollinisation entre les formations et les disciplines, source primordiale de créativité et d'innovation ?

Entrepreneuriat :
comment diffuser au mieux l'enseignement de l'entrepreneuriat et ses principes tels que le passage à l'action, la créativité et la prise de risque ?

Nouveaux enseignements :
comment accompagner la création de programmes en phase avec des réalités professionnelles en évolution permanente ?

Intégrer l'innovation sociale et environnementale :
comment intégrer les enjeux environnementaux, sociaux et économiques aux programmes éducatifs ?

Bien-être :
comment créer un environnement et un rythme d'apprentissage vertueux qui respectent l'équilibre corps-esprit, individu-groupe, études-loisirs ?

Orientation :
comment repenser les parcours d'apprentissage à partir des aspirations des individus et des métamorphoses contemporaines du monde du travail ?

Évaluation :
comment faire de l'évaluation un outil permettant un apprentissage par l'erreur, selon le rythme et les mécanismes cognitifs propres à chacun ?

International :
comment faire de l'intégration des étudiants étrangers et des échanges universitaires une source d'enrichissement des formations et d'initiation à la collaboration entre les différentes cultures ?

Digital :
comment intégrer efficacement les outils numériques au sein et en périphérie des programmes ?

Vie sociale :
comment accroître l'impact des dispositifs éducatifs sur la création du lien social et du vivre ensemble ?

CONCLUSION

De nouvelles écoles voient le jour et réinventent les formats et la temporalité de la pédagogie, contribuant à la création de modèles éducatifs où l'initiative personnelle, l'originalité et la collaboration remplacent peu à peu les logiques de compétition, d'obéissance et de distinction. Fin 2014, le Conseil national du numérique écrivait : « *Quand on parle de numérique, la plupart des gens voient un ordinateur. Il faut aussi y voir un changement dans les savoirs, l'avènement d'une société de la question plutôt que de la réponse.* » Attelons-nous à apprendre aux jeunes à se poser les bonnes questions et laissons-leur le soin de trouver les réponses.

Marc-Arthur Gauthey
Maëva Tordo

Pour des organisations libératrices et émancipatrices

« Lorsque la confiance se répand,
elle engendre en retour une responsabilisation.
L'émulation entre les pairs réglemente le système
bien mieux que la hiérarchie ne pourra jamais le faire. »
Frédéric Laloux

Comment travailler ensemble à l'heure du numérique et des réseaux sociaux ? Comment construire une organisation qui prend corps, dure et a de l'influence sans reproduire des formes de hiérarchie formelle ou informelle ? Ce sont les questions qu'un jour ou l'autre nous nous sommes tous posées au sein de OuiShare.

Nous avons la conviction qu'un modèle horizontal d'organisation est non seulement possible, mais souhaitable. Cet idéal, qui est l'un des éléments centraux de l'ADN et de la culture de OuiShare, a guidé beaucoup de nos décisions (ou non-décisions !), parfois empreintes d'un certain romantisme, jusqu'à fragiliser les bases de notre collectif. Depuis 2012, force est de constater que nous avons passé plus de temps à tenter d'établir les bases d'une organisation *vraiment* horizontale plutôt qu'à conduire des actions et projets tournés vers l'extérieur ! Mais après trois ans de route, cette horizontalité est l'une de nos réalisations les plus tangibles. Certes, elle n'est pas parfaite : nous courons chaque instant le risque de reconstruire une hiérarchie qui ne dit pas son nom. Les structures informelles qui caractérisent cette organisation peuvent d'ailleurs se révéler plus rigides et douloureuses pour ses membres qu'un organigramme clair. La détention par quelques-uns de certaines informations et le *soft power*[1] sont bien plus difficiles à appréhender qu'un ordre explicite.

Le numérique a rendu possible cette évolution en stimulant le travail en réseau, par nature horizontal. Il a accéléré le basculement vers les nouvelles formes d'organisation en faisant émerger une culture plus collaborative, qui s'accommode mal de la hiérarchie et du management autoritaire issus de l'ère industrielle. La baisse des coûts d'auto-organisation et de transaction permise par des outils gratuits ou très peu onéreux (réseaux sociaux, suite Google, Trello, Slack, etc.) joue également un rôle majeur. Autonomie, développement des compétences, définition d'un sens, impact, appartenance : autant de besoins intrinsèques, sources de motivation au travail. Dès le début, OuiShare a été pensée comme une organisation contributive, susceptible de répondre à ces attentes, au détriment de certains besoins extrinsèques comme les ressources financières ou l'efficacité. Bien que les exigences de performance aient aujourd'hui une place plus importante qu'auparavant, l'autonomie laissée aux *Connectors* thématiques et

1 Le *soft power* (« pouvoir doux ») est un concept issu de la géopolitique américaine. Il désigne l'influence liée à la culture, aux idées ou aux valeurs, par opposition à la force et à la coercition (*hard power*).

locaux[2], l'importance donnée aux temps d'apprentissage collectif et pair-à-pair, l'accent mis sur le sens de la mission, l'attachement à des valeurs fortes inscrites dans une charte[3], tous ces éléments se trouvent au cœur de notre organisation.

UN IMPÉRATIF CULTUREL ET GÉNÉRATIONNEL

Les aspirations professionnelles de la génération Y ont fait l'objet de nombreuses analyses sociologiques et économiques[4]. La promesse de gratifications financières et d'une carrière toute tracée au sein d'une même organisation n'inspire plus de désir.

À l'inverse, une activité créative, porteuse de sens et d'impact, présente un attrait grandissant, au détriment des promesses de sécurité et de protection : 34 % des jeunes étudiants et lycéens souhaitent entreprendre, contre 25 % pour leurs aînés[5]. L'entrepreneuriat est ainsi vu comme épanouissant, énergique et ambitieux.

Au sein de OuiShare, ces valeurs sont importantes précisément parce que ceux qui ont expérimenté les structures traditionnelles s'y sont sentis étouffés. Nombreux

2 Les *Connectors* sont les ambassadeurs de la communauté OuiShare. Ils animent la communauté localement (ville, pays, région) ou en tant qu'expert d'une thématique (Labs, Monnaie, etc.).

3 http://ouishare.net/fr/about/values

4 Les points clefs sont résumés dans cet article de la *Harvard Business Review*, malheureusement non traduit : https://hbr.org/2009/07/how-gen-y-boomers-will-reshape-your-agenda

5 Selon les résultats du baromètre Moovjee/OpinionWay/CIC/APCE, janvier 2015.

sont les membres de la communauté qui ont fait leur *job out* peu après leur entrée sur le marché du travail. Tous, nous avons fait l'expérience de hiérarchies écrasantes et arbitraires, de tâches monotones à la finalité improbable, du sentiment de ne pas contribuer au bien commun (voire de lui nuire franchement) et d'un gouffre entre l'énergie apportée et la reconnaissance par l'employeur de notre engagement. Comment ne pas se sentir désengagé lorsque la communication est opaque, que le sentiment d'être tout en bas de l'échelle et tenu à l'écart des instances de prise de décision sont partagés par une grande partie des salariés ?

DES ORGANISATIONS TRADITIONNELLES DÉPASSÉES

Internet, les réseaux sociaux et la mobilité ont favorisé l'émergence de travailleurs et d'organisations indépendants – free-lances, start-up – qui profitent des faibles coûts d'installation pour se lancer. Les organisations traditionnelles se retrouvent ainsi encerclées par un paysage concurrentiel recomposé : d'une part, de multiples acteurs de petite taille, voire des individus isolés, et de l'autre, des plateformes monopolistiques géantes qui, en moins d'une dizaine d'années, ont crevé le plafond des plus importantes capitalisations boursières. La concurrence est multipolaire et rude.

Les organisations traditionnelles doivent reconsidérer leur stratégie dans de très brefs délais, afin de tenir tête à une concurrence agile. Aux prises avec les exigences des actionnaires et des investisseurs, contraintes par la lourdeur bureaucratique, nombre d'entre elles appliquent des recettes guidées par une logique court-termiste de rentabilité et d'efficacité économique[6]. Les premiers à subir de plein fouet ces effets sont les salariés, c'est-à-dire ceux qui sont encore à l'origine de la plus grande partie de la valeur créée par les organisations. Résultat : frustrations, jeux de pouvoir, départ des meilleurs employés, anxiété, défiance, etc.

ÇA NE VA PAS FORT, MAIS IL Y A DE L'ESPOIR

Pour s'extraire de ces logiques, il ne suffira pas de créer une « direction de l'innovation », un incubateur interne et de nommer un Directeur Général du Bonheur[7]. Il convient de remettre à plat les principes de management et d'organisation traditionnels, qui étouffent la créativité et le sens de l'initiative des employés alors qu'ils devraient les stimuler. Mais la transition vers une culture favorisant la liberté (de créer, d'entreprendre, de décider) et la confiance partagée n'est pas aisée, *a fortiori* dans une culture managériale française encore largement déterminée par une structure hiérarchique et statutaire en silos.

---

6 Réduction des coûts et des effectifs, gel des salaires, externalisation (*outsourcing*), reconquête des parts de marché *via* une stratégie de fusions et acquisitions, etc.

7 Inspirés des Chief Happiness Officers (CHO) qui pullulent dans les entreprises outre-Atlantique et qui rappellent fortement l'ambiance du *Meilleur des mondes* d'Aldous Huxley.

L'économie collaborative et les nouvelles théories d'organisation apportent à ce titre des pistes d'action précieuses, bien que souvent radicales[8]. Car cette révolution passe d'abord par la réduction drastique des goulots d'étranglement bureaucratiques et des processus de contrôle. Or ces derniers ont contribué à créer des équilibres délicats et invisibles qui, s'ils se trouvent affectés, risquent de bouleverser l'entreprise toute entière. Les conflits et blocages internes sont inévitables et nécessitent, pour être surmontés, un accord autour du changement à venir, un leadership déterminé et agile, et la confiance de toutes les parties prenantes (investisseurs, actionnaires et représentants des employés). Les structures flexibles de moins de 150 personnes[9], ou fractionnées en unités indépendantes de taille raisonnable, ainsi que celles ayant déjà une culture de l'autonomie, sont en position de force pour entamer la transition.

Nous n'insisterons jamais assez sur la nécessité de s'armer de courage et de patience, étant donné les obstacles et les difficultés que nous avons nous-mêmes rencontrés au sein de OuiShare, une entité pourtant jeune et très peu bureaucratique.

---

8 Voir l'excellent ouvrage de Frédéric Laloux, *Reinventing Organizations*, Nelson Parker, 2014 ; bientôt disponible en français.

9 D'après un article de 1993 de l'anthropologue britannique Robin Dunbar, 148 est le nombre de personnes maximum pour qu'un groupe d'humains puisse fonctionner sur la base de la confiance mutuelle et de la communication. Au-delà, une hiérarchie est nécessaire : http://www.uvm.edu/ffpdodds/files/papers/others/1993/dunbar1993a.pdf

REDONNER DU SENS AUX ORGANISATIONS

Des types de fonctionnements alternatifs libèrent et stimulent l'énergie créative des collaborateurs. « Holacratie[10] », « stigmergie[11] », « do-ocracy[12] »... En dépit de principes et de modalités de mise en œuvre différents, ces concepts, issus pour la plupart du monde anglo-saxon, ont le même objectif : redistribuer la prise de décision, désenclaver les directions spécialisées et réintégrer la conduite stratégique dans le travail quotidien de l'ensemble des employés.

• Holacratie : l'exemple de Zappos

À la fin de l'année 2013, un article d'Aimee Groth est publié sur le site Quartz[13] : « *Zappos is going Holacratic : no*

10 « Holacratie » est issu du terme « holarchie », utilisé pour la première fois par Arthur Koestler en 1967 dans son livre *Le Cheval dans la locomotive [The Ghost in the Machine]*. L'holarchie est un système composé de « *holons* » (le « tout » en grec ancien), c'est-à-dire de parties qui sont à la fois autonomes et dépendantes du tout qu'elles composent.

11 La « stigmergie » est un mécanisme de coordination indirecte entre agents ou actions. Le principe est le suivant : une trace laissée par une action dans l'environnement stimule l'accomplissement de l'action suivante, que ce soit par le même agent ou un agent différent. Voir : www.lilianricaud.com/travail-en-reseau/la-stigmergie-un-nouvelle-modele-de-gouvernance-collaborative

12 « L'action-cracie » est une méthode consistant pour les individus membres d'une communauté à choisir eux-mêmes les tâches qu'ils souhaitent accomplir. Le degré de légitimité d'une personne est fonction de la qualité et de la reconnaissance par ses pairs des actions accomplies. Certaines communautés du logiciel libre fonctionnent sur ce principe ainsi que des *hackerspaces*.

13 http://qz.com/161210/zappos-is-going-holacratic-no-job-titles-no-managers-no-hierarchy

jobs titles, no managers, no hierarchy. » Créé en 1999, le leader américain de la vente en ligne de chaussures est déjà une grande entreprise (1 500 employés en 2014) et ose pourtant faire le pari d'une organisation non pyramidale. Au sein du groupe de discussion OuiShare Global[14], les réactions sont partagées entre enthousiasme et scepticisme devant ce qui ne serait qu'un effet d'annonce au service d'une stratégie de communication. Mais les faits sont là : un an après, John Bunch, responsable du changement d'organisation au sein de Zappos, peut annoncer à *Business Insider* que 80 % des salariés de l'entreprise n'ont plus de manager[15].

L'organisation de Zappos est-elle devenue pour autant chaotique ? Non, car l'holacratie reste hiérarchique et s'appuie sur des managers. L'autorité et la prise de décision sont distribuées au sein d'équipes qui sont à la fois autonomes et interdépendantes avec le *tout* social qu'elles composent. Mais la prise de décision n'est pas entièrement libre et distribuée. Ce système vise à rétablir un équilibre entre hiérarchie et autonomie des employés. Ouvert et entrepreneurial, il se fonde sur l'idée que les salariés n'occupent pas des statuts immuables, mais des rôles mouvants. Et comme les rôles tournent, la hiérarchie n'est jamais figée.

L'objectif affiché du PDG de Zappos, Tony Hsieh, est d'aboutir à un modèle d'auto-organisation[16].

---

14 Principal groupe de conversation de OuiShare en anglais sur Facebook.

15 http://uk.businessinsider.com/majority-of-zappos-employees-dont-have-a-manager-2014-11?r=US

16 Tony Hsieh est un grand admirateur du festival mythique américain Burning Man et rêve de répliquer ce modèle d'auto-organisation à son entreprise.

• L'auto-organisation comme fin en soi

Il ne faut pas sous-estimer la complexité que représente un changement organisationnel aussi radical. L'holacratie, c'est faire le pari d'une organisation qui incite – voire contraint – les salariés à innover. Si cette manière de faire répond à la question du « comment », celle du « pourquoi » – c'est-à-dire de la raison d'être de l'organisation – reste entière.

L'intuition géniale d'un Tony Hsieh a été de faire de l'auto-organisation, et donc des interactions sociales au sein de l'entreprise, une fin en soi – plus importante en un sens que son objet commercial, la vente de chaussures en ligne. La primauté de cette vie sociale sur les objectifs de rentabilité et de performance prend le contre-pied de la logique productiviste. Paradoxalement, ce choix bénéficie en dernier ressort à la stratégie économique de l'entreprise. Tony Hsieh a en effet donné à chacun de ses salariés les moyens d'agir sur la stratégie de Zappos et de l'emmener dans des directions qu'un management rigide n'aurait pas permis.

• Favi ou la gouvernance sur mesure

Implantée dans la Somme, l'entreprise familiale Favi[17], spécialisée dans la fonderie d'alliages cuivreux, a amorcé sa transformation vers un modèle d'organisation horizontale bien avant que le concept d'holacratie ne soit formalisé. Plutôt que d'adopter un système d'organisation clef en main, cette entreprise a mis au point une gouvernance sur mesure, adaptée à sa culture et à ses objectifs. Fondée

17 www.favi.com

en 1959, Favi a été totalement réformée en 1983 par son directeur, Jean-François Zobrist. L'usine compte aujourd'hui plus de 500 employés, organisés en 21 équipes de 15 à 35 personnes. Ces groupes sont eux-mêmes conçus comme des mini-usines. Avec ses 70 millions d'euros de chiffre d'affaires et aucun retard de production en vingt-cinq ans, Favi prospère dans un secteur où tous ses concurrents européens ont depuis longtemps délocalisé leurs activités de production en Asie.

La transition engagée par Zobrist a duré deux ans. Les fonctions support (ressources humaines, etc.) et les départements spécialisés dans la gestion de la chaîne de production (achat, etc.) ont été supprimés. Les 21 équipes, ces petites usines autonomes, sont en charge tant du recrutement que des achats et du planning. Le département « ventes » a quant à lui été remplacé par plusieurs responsables commerciaux indépendants, rattachés à chaque groupe.

L'organisation en silos a laissé place à une gouvernance distribuée. Chaque équipe doit ainsi réaliser trois types de réunion, selon des modalités qu'elle définit seule : une discussion tactique et rapide avant chaque rotation, une réunion par semaine avec le responsable de compte pour discuter des commandes et une réunion mensuelle avec un ordre du jour ouvert. Lors des réunions hebdomadaires, chaque responsable de compte fait un point sur l'état des commandes clients avec l'équipe, qui décide à ce moment-là de son organisation et de son planning pour la semaine à venir. La coordination entre les 21 équipes est assurée par un groupe composé d'un représentant issu de chacune d'entre elles. Ce groupe de gouvernance se retrouve pour articuler leurs plannings respectifs : l'objectif est de recruter des volontaires pour renforcer sur une ou deux rotations les équipes qui en ont le plus besoin.

Comme Zappos, Favi est un cas d'école : elle illustre l'énergie et l'inventivité d'une entreprise qui a choisi de placer la confiance au cœur de son fonctionnement. La suppression de la distinction entre « cols bleus » et « cols blancs » a permis aux employés de cesser d'être de simples exécutants, sans aucune prise sur la chaîne de production globale, pour devenir des décideurs et producteurs autonomes.

POUR UNE CULTURE DE L'ORGANISATION

« Redonner du sens à l'entreprise », « trouver un travail qui a du sens » : ces slogans manipulés par les directions de la communication de certaines entreprises ne correspondent bien souvent à aucune réalité tangible. D'autres choisissent de mettre ces idées au centre de la vie professionnelle de leurs salariés. Séduites par les principes de l'auto-organisation, elles partagent une conviction : les individus ne s'engagent entièrement que dans des actions dont ils ont pu déterminer les objectifs de façon autonome. Ceux-ci doivent répondre à un ensemble de principes, valeurs et aspirations, économiques ou pas, partagés par l'ensemble des employés de l'entreprise. Ils forment ce qu'on appelle la culture de l'organisation.

• La mission sociale et environnementale de Patagonia

Créée en 1973 par Yvon Chouinard, l'entreprise californienne Patagonia a intégré dans son objet social la lutte contre le réchauffement climatique et la contribution au bien commun. Fabricant de vêtements techniques à partir de coton biologique ou de matières recyclées, Patagonia cherche à faire du business une source d'inspiration et à mettre en place des solutions à la crise environnementale[18].

La différence entre sa démarche et la plupart des initiatives prises en matière de responsabilité sociale et environnementale par les grandes entreprises est que la mission sociale et environnementale est au cœur de l'activité. Patagonia prend ainsi des décisions contre-intuitives d'un point de vue strictement économique. Elle incite ses clients à acheter des vêtements d'occasion plutôt que neufs, ce qui réduit théoriquement la demande. Elle a également libéré la propriété intellectuelle de certaines de ses innovations afin d'en accélérer la diffusion. Si l'on se place sur le terrain d'une rationalité purement économique, ces décisions devraient avoir un impact négatif sur le chiffre d'affaires et la rentabilité de Patagonia. Or, selon son directeur marketing, Joy Howard, l'entreprise ne s'est jamais aussi bien portée : « *Motivées par nos convictions, ces décisions* a priori *irrationnelles d'un point de vue économique ont fait notre succès. (...) Pour un réel impact, il faut abandonner*

18 La mission de Patagonia est formulée ainsi sur le site de l'entreprise : « *Build the best product, cause no unnecessary harm, use business to inspire and implement solutions to the environmental crisis.* » (« *Fabriquons le meilleur produit, ne causons pas de dommage qui puisse être évité, faisons du business une source d'inspiration et mettons en place des solutions à la crise environnementale.* ») ; www.patagonia.com/us/patagonia.go?assetid=2047

les méthodes conventionnelles[19]. » Dans le cas de Patagonia, cet impact passe par un attachement de ses clients à la marque, ainsi que par l'engagement et la fidélité de ses salariés. En d'autres termes, il s'agit de privilégier des bénéfices durables et difficiles à chiffrer aux indicateurs de court-terme.

LE CAS DES ÉCOSYSTÈMES *OPEN SOURCE*

La mobilisation massive en faveur de projets contributifs et associatifs montre à quel point les actions au service du bien commun sont sources d'engagement durable. Or, les entreprises traditionnelles ont aujourd'hui de plus en plus de mal à attirer et à retenir les talents. Parmi les raisons principales, une obsession de la rentabilité et l'absence d'un sens autre que le versement d'un salaire à chaque fin de mois. Comme le montre une enquête menée dans 142 pays[20], ceux qui trouvent du sens dans leur travail et en constatent l'impact ont trois fois plus de chance de rester au sein de leur organisation. C'est la variable la plus importante pour l'épanouissement au travail : les employés se disent, en moyenne, 1,7 fois plus satisfaits et 1,4 fois plus impliqués.

19 www.fastcocreate.com/3038557/behind-the-brand/the-purpose-driven-marketer-how-patagonia-uses-storytelling-to-turn-consume

20 Enquête menée par l'agence de conseil américaine The Energy Project en 2013 auprès de 12 115 employés dans 142 pays.

Impact social positif et autonomie des contributeurs sont précisément les deux principes au fondement des projets *open source*. L'exemple le plus connu est Wikipedia, encyclopédie en ligne soutenue par une organisation à but non lucratif financée par des dons. C'est également le cas de Linux dans le secteur du logiciel ou encore d'Arduino, communauté internationale et entreprise qui produit des circuits imprimés en licence libre. Coordonnés par des institutions à but non lucratif et destinés à produire des biens communs, ces projets sont souvent adossés à des entreprises ou des coopératives, qui redistribuent la valeur créée en rémunérant les contributeurs les plus impliqués.

Comme le résume Michel Bauwens, fondateur de la P2P Foundation[21], dans une interview accordée à Without Model[22], « *la spécificité de l'économie ouverte est qu'elle repose sur des communautés de contributeurs qui cherchent avant tout à créer du commun sans se soucier,* a priori, *du profit qui pourra en être dégagé. Ces communautés produisent des ressources qu'elles partagent pour répondre à leurs besoins avant tout, sans pour autant renier toute forme de profit. (…) Un critère fondamental qui augmente la productivité de l'économie ouverte est qu'elle est une économie passionnelle, de l'engagement volontaire, basée sur la motivation intrinsèque des contributeurs, ce qui décuple ses forces par rapport aux systèmes économiques ancestraux dominants encore*

21 http://p2pfoundation.net

22 http://www.withoutmodel.com/juliencantoni/michel-bauwens-leconomie-peer-to-peer-est-plus-productive-car-elle-est-passionnelle. Without Model est un club de réflexion sur les modèles économiques de demain, fondée par Louis-David Benyayer, qui a coordonné un ouvrage portant sur les modèles *open source*, *Open Models*.

aujourd'hui, basés sur des motivations extrinsèques imposées de l'extérieur ».

CONCLUSION

La transition vers une organisation distribuée repose sur l'action et la volonté de leaders éclairés. La hiérarchie est ainsi remplacée par une légitimité fondée sur l'action, la connaissance et l'expertise. Une organisation horizontale est de ce point de vue un projet et un enjeu qui demandent des efforts permanents.

Dans les faits, la transformation passe par une collaboration entre les organisations traditionnelles et les acteurs qui incarnent les nouveaux modes d'organisation. C'est précisément le sens du travail conduit par OuiShare avec la société d'assurance mutuelle MAIF, qui voit dans l'économie collaborative non seulement un modèle économique innovant, mais aussi un moyen de faire évoluer son organisation interne. Si cette collaboration n'en est qu'à ses débuts, et qu'il est donc difficile d'en tirer des enseignements définitifs, nous avons pu tester quelques principes que nous appliquons au sein de OuiShare.

D'abord, il s'agit de redonner toute sa place à l'initiative des salariés et de recréer une vision. Sans cette étape préliminaire, une organisation ne peut convaincre ses collaborateurs qu'ils sont autonomes, puisque le but ultime de leur activité leur serait toujours imposé de l'extérieur. Il convient également de poser les bases d'une culture plus informelle, entrepreneuriale et collaborative, en stimulant notamment l'innovation au sein même de l'organisation (réunion avec des entrepreneurs de l'écosystème, incubateur interne, etc.). Enfin, et c'est l'objectif qui nous semble le plus important, l'auto-organisation doit faire partie des finalités sociales de l'entreprise, sans autre but qu'elle-même.

Nous pensons que ces transformations sont constitutives d'une société collaborative. Leurs bénéfices ne se limitent pas à la conquête de parts de marché ou à la fidélisation des salariés : elles sont les piliers d'un système social qui permet à l'individu d'être autonome à la fois dans son travail et au-dehors. En endossant des missions qui intègrent certains objectifs d'intérêt commun, les organisations horizontales sont les premières à briser le monopole de la rationalité exclusivement économique de la sphère entrepreneuriale.

Antonin Léonard
Asmaa Guedira

Face aux défis environnementaux et sociaux, des solutions communes en pair-à-pair

Notre société, ses institutions et le monde économique peinent à répondre aux enjeux environnementaux et aux défis sociaux majeurs de notre siècle : préservation des ressources naturelles et protection de la biodiversité, lutte contre les pollutions et les changements climatiques, ainsi que réduction des inégalités, lutte contre l'exclusion sociale, la précarité et la pauvreté.

Faut-il attendre que des décideurs politiques ou économiques s'emparent à notre place de ces enjeux ? Sans préjuger de l'utilité des grands programmes de transition écologique ou de renouvellement urbain, force est de constater qu'il est urgent de passer à une action individuelle et coordonnée entre citoyens, ne serait-ce que pour éviter un pessimisme tout aussi destructeur que le mode de consommation de nos sociétés.

L'accumulation de constats accablants nourrit un sentiment d'impuissance et entretient l'inertie d'une partie de la population. Et ce, d'autant plus que nous sommes tous en quelque sorte conditionnés, dès notre jeunesse, à la passivité. Ce conditionnement est en grande partie un effet pervers du respect que nous vouons à nos institutions. Paradoxalement, il nous conduit à admettre que leur rôle est de nous décharger de notre responsabilité collective. Que nos institutions, en retour, nous encouragent à de multiples « petits gestes » vertueux ne change rien à cette tendance de fond. Devenir acteur *via* des projets contributifs et pair-à-pair, renoncer à la passivité, voilà qui peut se révéler libérateur. Prenons l'exemple des problématiques environnementales. À son échelle et entre pairs, chacun peut choisir de consommer des produits de sa région grâce aux marchés locaux, aux Amap[1] ou à La Ruche qui dit Oui, service d'achat groupé impliquant des producteurs locaux[2]. Chacun peut également abandonner ou limiter autant que possible l'usage de sa voiture au profit de l'autopartage ou du covoiturage entre particuliers. L'économie du partage favorise le prêt et la location d'équipements ménagers, ce qui réduit la pression sur les ressources naturelles nécessaires à leur production. Chacun peut aussi contribuer à d'ambitieux projets collaboratifs et ouverts à tous, visant à résoudre un défi spécifique : Protei développe des drones

1 Association pour le maintien d'une agriculture paysanne.

2 La Ruche qui dit Oui est une plateforme opérationnelle en France et Belgique, ainsi qu'en Allemagne, Grande-Bretagne et Espagne sous le nom de *Food Assembly*. Voir : https://laruchequiditoui.fr/fr ; https://thefoodassembly.com/en ; chacun d'entre nous peut d'ailleurs lancer sa propre « ruche » pour permettre à d'autres de participer à ces filières courtes.

marins pour nettoyer les océans ; l'outil de cartographie interactive Ushahidi permet aux populations de réagir plus rapidement aux catastrophes naturelles ; OpenStreetMap développe la cartographie contributive d'espaces naturels à protéger...

QUELS SONT LES AVANTAGES SPÉCIFIQUES AU PAIR-À-PAIR ?

On les appelle projets contributifs, pair-à-pair (P2P) ou encore distribués. Ces initiatives sont au croisement de l'économie collaborative et des biens communs. Ces derniers, appelés aussi « les communs », en anglais *commons*, sont des ressources partagées, gérées par des communautés qui endossent le rôle de cogestionnaires en plus de leur rôle classique d'usagers. La notion de communs ouvre ainsi une troisième voie, aux côtés des gestions publique et strictement privée. Certains biens communs sont dits « naturels », à l'instar d'un pâturage communal, d'une zone de pêche ou d'une forêt. C'est une ressource qu'il faut protéger. Son accès doit être régulé, pour éviter qu'elle ne se dégrade rapidement[3]. Internet a permis le développement massif de ce qu'on appelle les biens communs contributifs depuis deux décennies. La communauté qui les gère et les enrichit est souvent importante. L'exemple emblématique en est Wikipedia, ou encore, hors du monde numérique,

3 Comme l'a montré Garett Hardin dans un article fondateur, « La Tragédie des biens communs », paru dans *Science* en 1968.

les nombreuses banques de semences qui se développent à travers le monde.

Ces initiatives sont citoyennes aussi bien qu'entrepreneuriales : elles adoptent ou inventent des modèles économiques très variés. Leur point commun : elles reposent sur des échanges, des relations pair-à-pair et sur l'existence de communautés d'utilisateurs qui, le plus souvent, sont aussi des contributeurs. En plus de construire des solutions à des problématiques environnementales, elles pratiquent des formes de gouvernance et de fonctionnement collectives relevant de l'innovation sociale. À travers leur organisation, leurs modes de production ou encore leur financement, elles mettent en œuvre les principes d'horizontalité et d'ouverture qui fondent une société collaborative.

Celle-ci est d'autant plus à même de relever les défis environnementaux et sociaux qu'elle ne les traite pas comme des phénomènes distincts. C'est au contraire en associant ces deux enjeux que des alternatives globales et cohérentes aux modèles de l'économie linéaire, sources de pollution et d'inégalités, peuvent voir le jour.

DE NOUVELLES RÉPONSES AUX DÉFIS ENVIRONNEMENTAUX

Du point de vue de son impact environnemental, l'économie collaborative n'est ni bonne ni mauvaise en soi. Elle porte des promesses, dont la plupart restent encore à tenir. En particulier, la consommation collaborative, censée modérer nos excès, pourrait être à l'origine d'effets rebonds redoutables[4]. Surtout, elle apporte des moyens qui peuvent être mis au service d'objectifs très divers. Une technique n'est jamais en elle-même une solution aux défis environnementaux : tout dépend de son utilisation.

Prenons le cas de l'impression 3D, très présente au sein des *fablabs* et autres espaces collaboratifs de fabrication numérique[5] : certains *makers* cherchent sans cesse à améliorer l'efficience de la technique et de l'outil, en développant par exemple des consommables renouvelables, alternatifs au plastique, afin de réduire les impacts liés à l'approvisionnement. D'autres, à l'inverse, considérant le succès de cette technique encore très minoritaire dans la production industrielle, cherchent à développer l'outil dans une optique de performance économique. Or, la perspective d'équiper tous les ménages en imprimantes 3D, souhaitée par certains constructeurs, est beaucoup moins soutenable d'un point de vue environnemental que la mutualisation des équipements au sein de lieux de fabrication partagés.

Ce sont moins les techniques et les outils que les formes d'organisation et d'action qui sont les plus prometteuses, à court et moyen terme. Les projets collaboratifs offrent une nouvelle forme d'action collective, ou plutôt un

---

4 Voir par exemple la synthèse « Économie du partage : enjeux et opportunités pour la transition écologique », publiée par l'Institut du développement durable et des relations internationales (IDDRI) de Sciences Po en 2014 ; http://www.iddri.org/Publications/Collections/Analyses/ST0314_DD%20ASN_eco%20partage.pdf

5 *Makerspaces, Hackerspaces, TechShops*... La Fondation Internet Nouvelle Génération a réalisé une typologie de ces lieux en 2014 pour le compte du Ministère de l'Économie, des Finances et de l'Industrie : http://www.entreprises.gouv.fr/files/files/directions_services/etudes-et-statistiques/etudes/numerique/etat-des-lieux-fablabs-2014.pdf

large répertoire d'actions pour que chacun trouve sa place. Enfin, malgré les réserves émises plus haut, l'économie collaborative se combine plus facilement à des démarches de sobriété et de protection collective des ressources naturelles : elle repose en effet sur une stratégie d'*accès* et non sur la *possession*.

UN MILITANTISME RENOUVELÉ

Quelles actions faut-il entreprendre ? Cette question, les militants se la posent presque quotidiennement, et l'on assiste parfois à des révolutions de forme ou de stratégie. En France, les collectifs Jeudi Noir[6] et Génération Précaire[7] l'ont démontré avec force, grâce à leurs visites festives d'appartements à louer ou des *flash mobs* : c'est parfois en prenant le contre-pied du discours militant traditionnel et de la rigidité de ses revendications que l'on réussit à attirer l'attention des médias, puis des décideurs. Leurs actions ont respectivement contribué à l'encadrement des loyers parisiens et au renforcement des droits des stagiaires (rémunération, durée maximale, etc.). L'acte militant retrouve sa valeur sociale et sa capacité de mobilisation du plus grand nombre.

---

6 Jeudi Noir est un collectif créé en 2006 pour dénoncer la flambée des prix des loyers et la spéculation immobilière. Ses membres occuperont jusqu'en 2011 plusieurs immeubles laissés volontairement vides par leurs propriétaires pour revendiquer notamment l'application du pouvoir de réquisition préfectoral.

7 Créé en 2005, le collectif Génération Précaire s'attaque aux offres de stages abusives, et notamment aux « postes » de stagiaires qui se substituent à de véritables postes de salariés.

Le discours décalé, l'autodérision et la convivialité ne suffisent cependant pas : sans action coup de poing – et donc sans prise de risque judiciaire des militants – les initiatives de ces deux collectifs auraient-elles eu une telle portée ?

La génération suivante des militants collaboratifs – Disco Soupe, Carrotmob ou Génération Cobayes – associe sensibilisation et action concrète.

Chaque Disco Soupe – rassemblement festif où les participants cuisinent ensemble et en musique des fruits et légumes légèrement abîmés ou en surplus – est un *happening* militant en même temps qu'un moyen très concret pour sensibiliser le public au gaspillage alimentaire. Outre la grande convivialité de ces événements, les participants ont la satisfaction de réhabiliter des ressources alimentaires destinées à être jetées.

La volonté d'avoir un impact direct et local est encore plus perceptible avec Carrotmob. Cette association organise des rassemblements de soutien, par la consommation, à des commerçants de quartier qui s'engagent pour le développement durable de leur activité : amélioration des performances environnementales de leur boutique, approvisionnement plus local, etc. « *Nous sommes prêts à soutenir une autre forme de consommation* » : voilà le message que veulent faire passer les Carrotmobbeuses et Carrotmobbers, qui ont résolument choisi la carotte plutôt que le bâton.

Bien sûr, ces formes de mobilisation ne remplaceront pas un travail de fond sur la source des problèmes. Mais elles constituent une passerelle pour un public éloigné du militantisme traditionnel, qui peut ainsi se réconcilier avec l'action collective.

Le militantisme prend non seulement de nouvelles formes mais aussi de nouveaux visages. Celui de l'entrepreneur Adam Werbach, par exemple, fondateur de Yerdle. Cette plateforme américaine de troc d'objets fonctionne grâce à une monnaie virtuelle et affiche son mot d'ordre sur sa page d'accueil : « *Plus de joie, moins de choses.* » Récupération à bon compte du ras-le-bol consumériste ? L'opération de communication est probablement réussie, mais le message a le mérite d'être clair. Comme d'autres entrepreneurs, Adam Werbach avait expérimenté auparavant des formes de militantisme plus traditionnelles, au sein de grandes ONG environnementales.

Autre exemple, celui de iFixit (littéralement « je le répare »). Cette communauté internationale de réparateurs amateurs, partageant leurs connaissances sur le fonctionnement de centaines d'appareils, était à l'origine une petite entreprise classique de vente de pièces détachées. Le ton militant du Manifeste de l'auto-réparateur (« Self-Repair Manifesto ») s'accommode d'une offre commerciale destinée à la fois aux particuliers, aux réparateurs amateurs et aux professionnels. Ce mélange des genres peut heurter, surtout dans le contexte culturel européen, mais le résultat est là : une base de connaissances et d'outils de sensibilisation inégalée, diffusée sous licence Creative Commons, c'est à dire utilisable et reproductible par tous.

Il n'est pas étonnant que cette démarche ait d'abord porté ses fruits dans un contexte anglo-saxon particulièrement favorable aux initiatives individuelles et entrepreneuriales. Mais elle trouve un écho très net dans le développement de l'entrepreneuriat social en France. Des projets comme « Partage ton frigo », qui lutte contre le gaspillage alimentaire, ou Oureparer.com, qui vise à faciliter l'accès aux réparateurs de tous types d'objets, sont de jeunes entreprises qui auraient peut-être, il y a quelques années, pris une forme associative.

UNE DIFFUSION ACCÉLÉRÉE DES MODES DE VIE DURABLES

Comme iFixit, des milliers de communautés rassemblent ceux qui ont fait le choix d'agir pour le développement durable, dans des domaines proches de la réparation. Il s'agit du *Do-It-Yourself* ou DIY (« Fais-le toi-même »), de la récup' et de l'*upcycling*[8], ou encore de choix de vie beaucoup plus engagés à l'instar de la permaculture et du végétalisme.

Ces groupes accélèrent la diffusion de modes de vie durables par l'échange de savoir-faire, bons plans, expériences et, surtout, des petits succès quotidiens de chacun. Contrairement à d'autres communautés de l'économie collaborative qui vivent essentiellement en ligne (et en particulier celles de la consommation collaborative), les liens sociaux noués dans la vie réelle sont au moins aussi intenses et riches que les échanges virtuels. Ces divers groupes s'entrecroisent : parmi les membres des communautés physiques des Repair Cafés et des ateliers d'*upcycling*, on retrouve des contributeurs actifs de iFixit ou Commentreparer.com.

8 L'*upcycling* (ou « surcyclage ») est un processus par lequel la matière est réutilisée pour produire un bien d'une qualité, valeur ou utilité supérieure à celle du bien initial. Cette démarche est souvent artistique.

L'expansion spontanée – et parfois fulgurante[9] – de ces communautés s'appuie en général sur Facebook, réseau incontournable bien que souvent décrié par les participants eux-mêmes.

LES APPORTEURS DE SOLUTIONS

Une catégorie spécifique de communautés joue un rôle particulièrement important : les innovateurs de l'*open source*, qui sont à l'œuvre aux quatre coins du monde. Ils rivalisent, grâce à l'ingéniosité collective et distribuée, avec les départements de recherche et développement des plus grandes entreprises. Le terme *open source* a d'abord été utilisé pour décrire des logiciels dont le code source était ouvert, accessible, reproductible et redistribuable. De la même manière, pour les projets non informatiques, les connaissances, les modèles, les plans et toutes les autres caractéristiques techniques sont accessibles à tous, et peuvent être librement modifiés.

L'une des devises de ces innovateurs illustre bien leur manière de contribuer au changement : *From Protest to Prototypes* (« des manifs aux prototypes »).

En agriculture (Open Source Ecology, Open Source Beehives) comme dans le domaine du bâtiment (Wiki-House) ou de la production d'énergie (Tripalium), des prototypes de machines ou de constructions sont conçus

9 Un exemple parmi des dizaines d'autres : en 2015, le groupe Écolo-bio-zéro-déchet a gagné plusieurs milliers de membres en quelques semaines.

de manière distribuée par des dizaines d'individus ou de collectifs locaux. Ils permettent à des non-spécialistes de prendre la main sur la construction de leur maison ou de leurs outils de travail. WikiHouse est par exemple animé par des architectes, mais l'un de ses objectifs est de démocratiser l'accès à l'auto-construction durable[10].

OPEN SOURCE ET BIENS COMMUNS

Pour faire face à la rareté des ressources naturelles, il faut en finir avec la rareté de l'information, des connaissances et des savoir-faire. Il faut rendre possible la diffusion libre de toute innovation qui permet de lutter contre les changements climatiques, de préserver la biodiversité ou de cultiver sans intrants pétrochimiques. C'est l'objectif des communautés d'innovateurs *open source* qui construisent des biens communs contributifs et immatériels.

La reproductibilité est au cœur de leurs principes d'organisation, car elle permet d'accélérer la diffusion de certaines innovations durables. Cet argument est souvent invoqué dans le domaine médical et pharmaceutique, en cas d'urgence sanitaire. De même, des urgences sociales et environnementales devraient nous pousser à explorer le potentiel de ces solutions *open source, via* la duplication et l'essaimage par des tutoriels et autres guides pratiques, accessibles à tous.

10 En page d'accueil de son site, début 2015, WikiHouse se présente comme un bien commun et ajoute : « *Nous collaborons pour mettre des outils de conception et des connaissances à la portée de tous.* »

L'effacement partiel des frontières entre utilisateur et producteur a contribué au fort dynamisme entrepreneurial autour de ces projets. Deux d'entre eux, nés en Europe, en témoignent : Arduino a vendu en dix ans plus d'un million de circuits imprimés en matériel libre[11] pour construire et programmer toutes sortes d'objets connectés. Sur son site, l'immense communauté des bricoleurs de tous niveaux alimente des centaines de tutoriels pour aider chacun à les utiliser[12]. Dans le secteur de l'ameublement, la plateforme contributive OpenDesk rassemble des dizaines de modèles publiés en Creative Commons par des designers indépendants. Chacun peut donc les copier ou faire appel à un atelier professionnel, et les revenus sont dans ce cas partagés entre l'atelier, le designer concerné et la plateforme.

DES BIENS COMMUNS SOURCES D'AUTONOMIE

Le principe d'ouverture permet d'améliorer l'accès, sans discrimination financière, à des ressources (biens, services, savoirs et connaissances) qui stimulent la création de valeur ou le développement de moyens de subsistance.

11 Ou *open hardware* : ce matériel est lui-même conçu selon les principes de l'*open source* (libre reproduction, modification, distribution et utilisation). Dans le cas d'Arduino, les plans de la carte du circuit imprimé sont en licence libre, seul la marque Arduino est protégée.

12 Selon Massimo Banzi, le fondateur d'Arduino, « 18 millions de personnes se sont connectées sur Arduino.cc l'an dernier, avec un temps moyen de visite de 6 minutes. Ce qui veut dire que les gens viennent apprendre sur le site. », Makery.info, février 2015.

Les biens communs sont ainsi un facteur d'autonomie matérielle.

Les solutions *open source* ne nécessitent pas toujours un investissement massif pour être opérationnelles, notamment quand il s'agit de mettre en place des infrastructures de communication et de mise en relation qui s'appuient sur des outils en accès libre. C'est là, peut-être, un autre cercle vertueux : l'existence de biens communs (outils, savoirs) facilite la création d'autres biens et donc, dans une certaine mesure, l'autonomie financière des porteurs de projets. Il n'est plus indispensable d'investir dans des outils très coûteux pour démarrer une activité. Nous en avons fait l'expérience au sein de OuiShare, en créant, à partir de l'outil *open source* ShareTribe, une plateforme d'offres et de demandes d'emplois : OuiShare Jobs. L'investissement étant quasi nul au moment de la création, nous avons pu en rendre l'accès gratuit.

Au-delà des outils accessibles clefs en main, l'abondance de ressources de formation et de tutoriels renforce aussi l'autonomie dans l'apprentissage. Une autonomie qui n'est pas synonyme d'isolement, car la transmission de pair-à-pair est l'une des valeurs fondamentales de la culture libre, aussi bien sur les forums en ligne que dans les *fablabs*[13].

13 Voir notamment la Charte des *fablabs* établie par le Massachussets Institute of Technology, qui intègre cet engagement ; http://fab.cba.mit.edu/about/charter

UN FONCTIONNEMENT P2P MOINS DISCRIMINANT SOCIALEMENT

Ces initiatives ne stigmatisent pas les populations bénéficiaires pour la simple raison que tout le monde peut l'être et que chacun peut également contribuer. Plus encore : tout le monde est bénéficiaire justement *parce que* tout le monde est contributeur, et inversement. Il y a là un jeu à somme positive.

Les systèmes P2P sont fondés sur l'entraide, la coopération et l'intelligence collective plutôt que sur l'assistance et l'allocation. Dans un système de covoiturage, tout le monde gagne, les covoitureurs comme les covoiturés, et cela ne tient pas seulement au fait qu'il y ait un échange monétaire. L'échange peut être gratuit : dans le cadre d'un *couchsurfing*[14], l'invité n'est pas redevable directement vis-à-vis de son hôte, il fait partie d'une communauté internationale d'entraide dont tous les membres bénéficient à tour de rôle.

Ces initiatives peuvent créer ou reconstituer du lien social, notamment dans le domaine de l'échange de savoirs ou de services. En Espagne, une « banque du temps » a été instaurée par l'un des principaux sites de recherche d'emploi. Elle permet à des chômeurs de se former mutuellement et de s'accompagner les uns les autres dans leur recherche. C'est aussi le principe des systèmes d'échanges locaux (SEL), qui favorisent l'entraide entre habitants d'un

---

14 Le *couchsurfing* consiste à accueillir un voyageur sur son canapé (*couch*) ou dans sa chambre d'amis, de manière totalement gratuite. Lorsque l'on voyage, on peut à son tour bénéficier de l'hospitalité d'un membre de la communauté des *couchsurfers*.

même quartier. C'est avant tout la rupture de l'isolement qui aide ici à lutter contre la précarité.

CONCLUSION

Au-delà de leurs caractéristiques spécifiques (ouverture, distribution horizontale, etc.), les initiatives évoquées ici ont pour point fort de s'inscrire dans le long terme. Il s'agit de changer de pratiques, voire de modes de vie, pour répondre aux contraintes économiques et écologiques de notre époque. Elles ont un effet d'entraînement : on ne regarde plus les enjeux environnementaux et sociaux d'un œil passif et désabusé, mais en cherchant toujours de nouvelles solutions, locales et reproductibles.

Pour que ces projets P2P et contributifs aient un impact réel, l'accent doit être mis sur leur diffusion et leur déploiement, car ils sont encore trop peu connus. Ces efforts devraient concerner en premier lieu le public scolaire. Le prolongement logique de l'éducation civique et de l'éducation au développement durable serait ainsi une forme d'éducation à la contribution, entendue comme action citoyenne.

Celle-ci pourrait s'appuyer sur l'utilisation dans les classes d'un plus grand nombre de ces outils contributifs, dont l'intérêt pédagogique ne saurait se limiter à la simple *consultation*. Il s'agirait de permettre aux élèves de les enrichir en devenant à leur tour des contributeurs. Cette démarche passe par une familiarisation technique avec l'outil mais aussi et surtout par la compréhension des dynamiques qui animent une communauté internationale de contributeurs. Enfin, elle peut mener à la découverte de formats de contribution plus originaux, comme les « cartoparties participatives » dont on peut imaginer les vertus pédagogiques et les synergies sociales : en cartographiant son quartier du point de vue d'une personne à mobilité réduite, une classe ou une école peut être à l'origine du développement d'une application utile à tous[15]. Un déploiement efficace suppose également que les pouvoirs publics et les acteurs des projets contributifs assument leurs responsabilités respectives. L'État et les collectivités ont un rôle indispensable : veiller à la cohésion sociale et à l'inclusion du plus grand nombre grâce aux mécanismes de solidarité. En outre, si les projets contributifs constituent des solutions, il reste urgent de mettre fin à des pratiques délétères sur le plan social ou écologique. En matière de pollution ou d'émissions de gaz à effet de serre, on ne peut se passer de mesures contraignantes.

Le rôle du politique reste donc incontournable et complémentaire à celui des initiatives évoquées plus haut, et cela tombe bien : quelle meilleure place que celle du terrain, de l'action, de la construction de solutions pour repérer les enjeux à porter au débat politique ? Les contributeurs-militants ou militants-contributeurs sont aussi des citoyens qui sauront, nous l'espérons, prendre toute leur place et leurs responsabilités dans cette sphère décriée.

Flore Berlingen

15 Comme cela se pratique à Montpellier : http://opendata.montpelliernumerique.fr/Cartopartie

La transition vers la production distribueé a commencé

En 2007, dans l'un de ses derniers textes intitulé « La sortie du capitalisme a déjà commencé », le philosophe autrichien André Gorz, penseur pionnier de l'écologie politique, reconnaît dans ce qu'il nomme des « ateliers communaux d'autoproduction, interconnectés à l'échelle du globe[1] », une voie de sortie possible des modèles dominants de production et d'organisation du travail. Issus de l'industrialisation massive de nos économies, ces modèles apparaissaient à Gorz comme irrespectueux à la fois des relations entre les individus et des relations entre ces individus et leur environnement. Depuis la seconde révolution industrielle, tout se passe comme si l'augmentation de la productivité et son corollaire, la croissance économique, étaient les principaux indicateurs de progrès et constituaient la ligne d'horizon

1 André Gorz, « La sortie du capitalisme a déjà commencé », *Ecorev*, 2008.

des stratégies d'entreprises et des politiques publiques. Tout doit être subordonné à la productivité et à la croissance : travail, sociabilités, satisfaction des besoins ou création de nouveaux besoins. Fruit et moteur des révolutions industrielles, facteur incontestable de l'expansion d'une classe moyenne[2] (autrefois) prospère, cette rationalisation de l'organisation socio-économique ne génère guère plus que frustrations et inquiétudes. La promesse d'une société d'abondance où l'humanité serait libérée des besoins cède la place à un constat amer : dégradation de l'environnement, croissance des inégalités, généralisation du consumérisme.

La réappropriation des moyens de production et la sortie d'une logique consumériste sont les deux constantes des réflexions menées pour tenter de dépasser cet héritage, quelles que soient les inclinations politiques (communiste, socialiste, néo-capitaliste ou libertarienne) de leurs auteurs[3]. En dépit de la richesse des analyses théoriques, aucun d'entre eux n'a proposé un modèle alternatif concret et généralisable.

La transformation numérique pourrait bien être l'un des facteurs clefs d'une telle alternative. Pour la première fois, des personnes du monde entier coordonnent leurs contributions au sein de communautés en ligne et locales. Si les promesses sont importantes, force est de constater

2 D'après Max Roser, le PIB français par habitant a été multiplié par 7 entre 1900 et 2000. Bien entendu, le modèle productif n'est pas le seul déterminant de cette évolution ; *in* Roderick Floud, Robert W. Fogel, Bernard Harris, Sok Chul Hong, *The Changing Body, Health and Human Development in the Western World since 1700*, Presses universitaires de Cambridge, 2011.

3 André Gorz, Jacques Ellul, Ivan Illich, Jeremy Rifkin, pour ne citer qu'eux.

que l'incertitude reste entière : le mouvement des *makers* parviendra-t-il à répondre aux enjeux sociaux et écologiques nés de la production de masse ? Les nouveaux modes de production resteront-ils l'apanage de quelques *happy few*, ou seront-ils massivement adoptés par le grand public, voire par les industriels ? Et si oui, à quelles fins ?

LE NUMÉRIQUE : UN PROCESSUS D'HORIZONTALISATION

Depuis une vingtaine d'années, la transformation numérique a engendré un début d'horizontalisation du système productif, avec l'émergence de la consommation collaborative et de la production distribuée. On observe un effritement progressif de la frontière séparant les rôles de producteur et de consommateur, qui pourrait conduire à un nouvel équilibre dans le processus de production-consommation. L'exemple le plus frappant est le modèle économique pratiqué par les GAFA[4], où le consommateur effectue un travail pour coproduire le service.

Avec l'informatique personnelle et Internet, la première vague du processus a permis à chacun de produire et diffuser de l'information, ou du code source. Le phénomène s'est intensifié dans les années 2000 avec les outils de production et distribution de contenu destinés au grand public : blogs, wikis, médias sociaux, logiciels d'édition, ou le très controversé partage de fichiers en pair-à-pair. La conséquence en a été une recomposition complète du

4 GAFA : Google, Apple, Facebook et Amazon.

paysage des industries culturelles et créatives, ainsi que du secteur des médias.

La deuxième vague a vu apparaître de nouveaux intermédiaires mettant à profit l'effet de réseau pour créer des services fondés sur l'agrégation des contributions individuelles. Avec la montée en puissance de la consommation collaborative, l'usager devient partie intégrante de la chaîne de valeur : il est à la fois fournisseur de capital, souvent privé, et producteur de service. Les secteurs les plus concernés sont le commerce et la distribution (Leboncoin, Etsy, Peerby), la mobilité (Uber, BlaBlaCar, Waze), le tourisme (Airbnb, Couchsurfing) ou les services à la personne (Instacart, TaskRabbit). En croissance exponentielle depuis 2010, ces plateformes font désormais partie de notre quotidien et obligent les acteurs établis à s'adapter[5].

Mais lorsqu'on passe « *des bits aux atomes* » selon les mots de Chris Anderson[6], fondateur de 3DRobotics qui fabrique et commercialise des drones, c'est désormais la production de biens matériels qui s'horizontalise dans une troisième vague. Un nouveau paysage productif se dresse devant nous, avec la démocratisation des outils de conception et de fabrication numérique, la multiplication de tiers lieux de production (*fablabs, makerspaces, hackerspaces*, etc.)

---

5 Ces bouleversements sont mis en évidence par le rapport Lemoine remis au gouvernement français en novembre 2014 : « *Cession de la Redoute pour 1 € ; faillite de Virgin ; succession de dirigeants à la tête d'Accor ; sondage mené par la SNCF et faisant apparaître que 77 % des Français seraient prêts à acheter leur billet de train* via *Google...* »

6 Chris Anderson, *Makers : la nouvelle révolution industrielle*, Pearson, 2012. Chris Anderson a été rédacteur en chef du magazine *Wired*, consacré aux nouvelles technologies, pendant plus de dix ans. C'est un observateur assidu des transformations portées par le numérique.

et le partage sous licence libre des plans et fichiers. Qu'on parle de mouvement *maker,* d'une troisième révolution industrielle ou d'une société du coût marginal zéro[7], du *Do It Together* d'une industrie 4.0, c'est à une révolution aussi importante que celle permise par l'invention de la machine à vapeur ou l'irruption de l'électricité au XIXe siècle que l'on pourrait bien assister.

LA FABRICATION DISTRIBUÉE EST DÉJÀ UNE RÉALITÉ

La fabrication distribuée, c'est la distribution des capacités pour que chacun puisse concevoir, prototyper, fabriquer, améliorer, réparer et distribuer tous types de biens matériels. Sa figure emblématique est celle du *maker* : un bricoleur « augmenté » par le numérique, dont la créativité est largement documentée par *Make Magazine*[8], organisateur des Makers Faires[9].

Il s'agit d'une démocratisation sans précédent des activités productives, qui peut s'expliquer par la convergence d'au moins trois facteurs.

7 Jeremy Rifkin, *La Troisième Révolution industrielle*, Les Liens qui libèrent, 2012 et *La Nouvelle Société du coût marginal zéro : L'internet des objets, l'émergence des communaux collaboratifs et l'éclipse du capitalisme*, Les Liens qui libèrent, 2014.
8 http://makezine.com
9 Ces foires peuvent rassembler jusqu'à 130 000 participants, comme lors de la 9e édition, en 2014, à San Francisco.

Premièrement, les outils permettant de passer de l'idée au prototype sont beaucoup moins coûteux et plus simples d'utilisation qu'auparavant. Il s'agit notamment des logiciels de modélisation 3D, et des machines de fabrication numérique telles que découpes laser, fraiseuses à commande numérique, imprimantes 3D, etc. Grâce à la production distribuée, créer et fabriquer soi-même des « objets connectés » – objets physiques manipulables et programmables à distance *via* Internet et un logiciel spécifique – est de plus en plus simple. La Nouvelle Fabrique[10], micro-usine urbaine située à Pantin, propose ainsi des cours pour 100 euros par an et des ateliers destinés aux enfants. La société Arduino commercialise un mini-ordinateur très facile à utiliser et à programmer pour une vingtaine d'euros.

Ensuite, les tiers lieux de fabrication – *fablabs, makerspaces* ou *hackerspaces* – font converger les activités productives et créatives d'un nouveau genre. Leur nombre est en forte croissance depuis une dizaine d'années. Si leurs cultures, publics et modèles économiques peuvent être très différents, du plus militant au plus entrepreneurial, tous ces espaces ont en commun la mise à disposition gracieuse ou sur abonnement d'outils et de savoir-faire nécessaires à la fabrication personnelle. Ancrés dans leur territoire, ils sont souvent intégrés à un réseau régional ou international. L'un des réseaux principaux est celui des *fablabs*, qui connecte aujourd'hui plus de 500 ateliers de fabrication numérique dans 70 pays : ils sont régis par une charte[11] et partagent savoirs, documentation, projets, fournisseurs, etc.

---

10 www.nouvellefabrique.fr

11 http://fablab.fr/projects/project/charte-des-fab-labs/

Ce nombre double d'ailleurs tous les 18 mois. La France, premier pays après les États-Unis, en compte à l'heure où nous écrivons ces lignes plus de 50.

Enfin, les barrières à l'entrée de la production achèvent de s'effondrer quand la propriété intellectuelle laisse place au partage du savoir sous licence libre, à l'instar des logiciels *open source*, des contenus en Creative Commons[12] ou de la cartographie OpenStreetMap. Tout objet physique peut être décrit par un ou plusieurs fichiers numériques, lesquels font office de code source : plans, schémas, tutoriels d'assemblage, ou encore fichiers 3D prêts à donner forme sous la tête d'une machine à commande numérique. On parle dans ce cas de « matériel libre » (*open hardware*) ou de « design libre » (*open design*), ce qui indique la possibilité de diffuser, répliquer, améliorer et partager à nouveau les objets physiques représentés. Les effets vertueux sont légion : mutualisation des efforts dans le pot commun de l'humanité, rapidité des cycles d'innovation, réplicabilité et adaptabilité des produits.

Un projet illustrant à merveille ce potentiel disruptif est la RepRap, la première imprimante 3D *open source* et « auto-réplicante », qui imprime elle-même une grande partie des pièces nécessaires à son assemblage. Lancé en 2005 par Adrian Bowyer à l'université de Bath en Angleterre, le projet RepRap fédère une communauté extrêmement dynamique, et a fait émerger plusieurs centaines de projets d'imprimantes 3D dérivées à partir

12 Système de licences fondé en 2001 par Lawrence Lessig comme une alternative au copyright pour la diffusion de contenus sur Internet, ne réservant que certains droits à son auteur, paramétrables par ce dernier (attribution de paternité, obligation de partage à l'identique, restriction d'usage commercial, etc.).

de sa base[13]. La vision initiale du projet était d'ailleurs éminemment politique, comme peuvent l'attester les références marxistes des articles d'Adrian Bowyer[14].

Dans un autre domaine, OpenDesk se définit comme une « plateforme globale pour fabrication locale » de mobilier de bureau. Elle permet aux designers certifiés de partager leurs créations sous licence libre : tables, chaises, fauteuils, etc. Chacun peut alors télécharger le fichier 3D pour fabriquer le modèle lui-même avec une fraiseuse numérique et quelques panneaux de bois. Il est également possible de commander l'objet en ligne pour le faire assembler par un *makerspace* du réseau OpenDesk situé à proximité de chez soi. Les revenus sont alors répartis entre l'espace de fabrication, le designer et la plateforme.

Aujourd'hui, si la fabrication distribuée et *open source* reste encore très marginale, elle s'étend à tous les secteurs et à tous les types de biens matériels : appareils photos (OpenReflex), véhicules (OSVehicle, Wikispeed, Local Motors), drones (DIY Drones, Protei, OpenROV), matériel agricole (Open Source Ecology), architecture (WikiHouse), compteurs d'énergie (OpenEnergyMonitor) et même aérospatial (MakerPlane, Copenhagen Suborbitals).

---

13 Voir la liste sur le wiki du projet RepRap : http://reprap.org/wiki/RepRap_Family_Tree

14 « *The replicating rapid prototyping machine will allow the revolutionary ownership, by the proletariat, of the means of production* » : http://reprap.org/wiki/Wealth_Without_Money

TOUT ÇA POUR ALLER OÙ ?

La fabrication distribuée vise à généraliser l'appropriation des outils de production par le plus grand nombre et à diffuser de nouveaux usages. En ce sens, elle est vecteur à la fois d'émancipation individuelle et d'innovation commerciale. Mais il est difficile de se prononcer sur sa compatibilité avec un modèle industriel fondé sur la production de masse et les économies d'échelle. Si les techniques que la fabrication distribuée promeut se retrouvent intégrées par les acteurs industriels dans leur chaîne de production, sans remise en cause de la logique productiviste et polluante, elle ne constituera qu'une nouvelle mutation du capitalisme industriel, et non son dépassement. La fabrication distribuée en tant que projet de société resterait lettre morte si elle ne s'accompagnait pas d'une remise en question des modes d'organisation des entreprises et d'une intégration des objectifs sociaux et environnementaux au cœur de leur mission.

Comment cette nouvelle organisation de la technique qu'est la fabrication distribuée peut-elle être mise au service d'un projet politique ambitieux ? Quelles sont les actions nécessaires pour qu'elle soit en mesure de répondre aux grands défis qui résultent en partie des externalités négatives du système de production industriel, la crise écologique et climatique, la crise économique et sociale et l'explosion des inégalités ?

LA NÉCESSITÉ D'UNE VISION POLITIQUE

Certaines tentatives passées d'organisation alternative au modèle industriel peuvent se révéler très éclairantes. C'est le cas du mouvement de « production socialement utile[15] », très actif en Angleterre entre la fin des années 1970 et le début des années 1980. En 1976, les ouvriers de Lucas Aerospace font face à la dégringolade du chiffre d'affaires de leurs usines. Ils s'auto-organisent alors pour proposer un catalogue alternatif de 150 produits jugés utiles à la société : éoliennes, pompes à chaleur, etc. Surtout, ils mettent en place une organisation autogérée dans les ateliers de fabrication, plus efficiente, et rassemblent design, ingénierie et production. Ce « Lucas Plan » fut rejeté par la direction de l'entreprise. Mais son cerveau, Mike Cooley, n'en resta pas là. Recruté par le Greater London Council[16], il mit sur pied dans la capitale britannique des ateliers communaux, les « Technology Networks ». On y inventa vélos électriques, petites éoliennes personnelles, produits reconditionnés, jouets pour enfants, réseaux informatiques, dont tous les plans étaient partagés dans une « banque de projets ouverte ». Internet en moins, les *fablabs* n'étaient pas loin !

Mais l'aventure des Technology Networks fut de courte durée. En 1986, le gouvernement conservateur coupa les budgets du Grand Londres. Déjà à l'époque, une ligne

---

15 Adrian Smith, « Technology Networks for Socially Useful Production », *Journal of Peer Production* n° 5, 2014.

16 « Conseil de l'agglomération de Londres », aboli en 1986.

de fracture était apparue entre des lieux très militants, tournés vers l'autonomie et l'émancipation individuelle, et d'autres, plus pragmatiques, cherchant à tisser des liens avec le marché pour diffuser les produits utiles développés par les usagers. Malgré leur brève existence, les Technology Networks demeurent à ce jour l'une des tentatives les plus ambitieuses pour réencastrer le processus d'innovation au sein du tissu social et local.

Ce que nous enseigne cette expérience, c'est que pour réaliser son potentiel, la fabrication distribuée doit intégrer une vision politique d'une société où production et consommation ne sont plus séparées hermétiquement. Trente ans plus tard, l'importance de cet héritage dans une ville comme Barcelone est frappant. Après avoir accueilli le premier *fablab* de l'Union européenne en 2007, le conseil municipal de la capitale catalane met en œuvre le programme « Fab City », qui prévoit l'installation d'espaces de fabrication numérique dans tous les quartiers de la ville d'ici à 2020, ainsi qu'une éducation populaire aux outils. Le projet vise à donner à chaque citoyen les moyens de fabriquer des solutions locales adaptées à ses besoins. L'objectif est d'atteindre d'ici 2050 une production locale pour 100 % de la demande énergétique, 50 % des besoins alimentaires et 50 % des biens de consommation.

Alors que dans le modèle industriel traditionnel, production et consommation ont été séparées géographiquement – ce qui nous conduit à importer des produits standardisés issus de chaînes de production globalisées pour expulser des déchets dans la nature –, il s'agit, comme l'énonce Neil Gershenfeld, professeur au MIT et inventeur des *fablabs*, de passer du modèle PITO pour « Product In,

Trash Out » (« produits en entrée, déchets en sortie ») au modèle « DIDO » pour « Data In, Data Out ». Les biens sont majoritairement produits à un niveau local, alors que les informations nécessaires à leur fabrication s'échangent librement à l'échelle du globe grâce à un réseau ouvert de partage des savoirs.

Si l'échec des Technology Networks peut être attribué à l'absence d'un projet de société partagé par tous, le modèle barcelonais – qui fait déjà des émules à Sao Paulo ou Rennes – doit son succès à la vision politique qui le porte. Mais les pouvoirs publics devront aller encore plus loin : ouvrir les institutions et les financements à l'innovation ascendante, orienter les investissements vers la fabrication de « produits socialement utiles », favoriser l'alignement de la demande avec la création de valeur sociale. Ces leviers d'action dépassent le périmètre des seuls acteurs de la fabrication distribuée[17].

AU CROISEMENT DE L'ARTISANAT ET DE L'INDUSTRIE

La relocalisation de la production revient à réintroduire l'artisanat dans la Cité. Mais il ne s'agit pas pour autant d'un retour à l'ère préindustrielle : l'artisan de demain est équipé des outils technologiques les plus avancés. Aussi, il n'est plus seul, mais intégré dans une communauté physique et numérique qui le tient informé des dernières évolutions des savoirs et des techniques, et lui permet

17 Adrian Smith, « Technology Networks for Socially Useful Production », *op. cit.*

de coopérer avec ses pairs, que ce soit sur les réseaux sociaux généralistes ou au sein des communautés *ad hoc*. Les Makers Faires ou les Conférences internationales des *fablabs* sont également des lieux de rencontre et de cocréation pour les artisans numériques du monde entier.

Il existe cependant un véritable point commun entre l'artisan du temps d'avant les révolutions industrielles et d'aujourd'hui : il ne produit pas en masse. D'abord, parce que l'une des motivations des *makers* est de produire juste ce qu'il faut d'objets durables, afin de limiter les conséquences écologiques et sociales du modèle d'économie linéaire[18]. Ensuite, parce qu'il cherche à adapter l'objet produit à l'utilisation précise qui va en être faite, donc à des besoins singuliers et uniques. La durabilité et la personnalisation de l'objet sont des objectifs fondamentaux, le contraire de la production en série de produits au plus bas coût possible et vendus rapidement, qu'ils soient consommés ou stockés, recyclés ou jetés.

Ces nouvelles formes de fabrication locale ne pourront pas remplacer intégralement la production actuelle, tout simplement parce que la demande d'un grand nombre d'objets à prix bon marché demeure massive.

---

18 L'économie linéaire, par opposition à l'économie circulaire, consiste à extraire des ressources de la nature qui les recevra plus tard sous forme de déchets, après que la production et la consommation ont été accomplies. L'économie circulaire, au contraire, vise à ne produire que des déchets qui peuvent être soit rendus à la nature, soit utilisés comme ressources dans un nouveau processus de production.

À ce stade, notre souhait est de voir se croiser la précision d'une production artisanale et le développement à grande échelle du modèle industriel. Une sorte « d'industrie de la localité[19] » qui, grâce aux outils de prototypage, aux lieux partagés et à l'effondrement des barrières à l'entrée, pourrait répondre aux besoins spécifiques d'individus et d'organisations. Le *fablab* de Rennes a ainsi été le berceau d'un projet de prothèse de la main réalisée grâce à l'impression 3D. Bien que celle-ci ne possède pas toutes les fonctionnalités des prothèses classiques (dites « poly-digitales »), elle rend ce type de technologie accessible au plus grand nombre. Car si les prothèses classiques coûtent entre 30 000 à 70 000 euros, le prix indicatif de la prothèse fabriquée par le *fablab* s'établit à 200 euros. Avec ce genre d'exemples, l'industrie sur mesure démontre toute son efficacité.

Ce nouvel artisanat local ne devrait pas rester cantonné à une niche dérisoire par rapport aux parts de marché détenus par le Léviathan industriel. L'enjeu est qu'il puisse couvrir l'ensemble des niches qui composent la « longue traîne[20] », c'est-à-dire l'ensemble de ces produits peu demandés qui, lorsqu'on les additionne, forment un segment de marché non négligeable. Comme l'écrit Chris Anderson dans son ouvrage éponyme, Internet nous permet d'observer « les vrais contours de la demande dans notre civilisation, sans le filtre imposé par l'économie de la rareté[21] ». L'objectif est ainsi de passer d'expérimentations

19 Terme emprunté à Philippe Caillol du CEA (Commissariat à l'énergie atomique et aux énergies alternatives).
20 Chris Anderson, *La Longue Traîne : la nouvelle économie est là !*, Pearson, 2007.
21 *Ibid*.

marginales à l'application de la fabrication distribuée partout où elle serait plus efficace. Non pas de 1 % à 99 % de la production totale, objectif irréalisable à moyen terme, mais à 10 % de la demande totale.

CONCLUSION

On ne peut affirmer que la fabrication distribuée supplantera le modèle de production de masse. Comme le dit justement Neil Gershenfeld[22], « *l'impression 3D est vue comme le micro-onde dans les années 1950. Les micro-ondes sont utiles pour certaines choses, mais ils ne remplacent pas le reste de votre cuisine* ». Sans une remise en question de nos modes de consommation, qui ont pour conséquence une production massifiée, le modèle de fabrication distribuée restera minoritaire. Nos sociétés sont-elles prêtes à revoir à la baisse leur demande de biens bon marché ? Encore une fois, quel est le projet de société que nous souhaitons porter ? Celui que nous avons présenté dans cet ouvrage, s'il est résolument anti-utilitariste et opposé à une rationalisation économique de nos vies, n'est pas dogmatique au point d'exiger qu'on arrête sans délai toutes les usines du monde ! Il convient de trouver un équilibre entre la transition vers un nouveau modèle et les conséquences socio-économiques de cette transition.

Sans une évolution cohérente et coordonnée du travail, de la gouvernance et de la distribution de capital, la fabrication distribuée restera ce qu'elle est aujourd'hui : un

22 Professeur au MIT, inventeur du concept de *fablab*.

laboratoire, dont l'impact est encore limité sur les formes de production dominante. Pourtant, des signaux forts nous viennent des organisations industrielles les plus visionnaires. Elon Musk, le fondateur de Tesla Motors, une entreprise de fabrication de voitures électriques réputée comme l'une des plus innovantes au monde[23], a annoncé en juin 2014 qu'il « ne poursuivra pas ceux qui souhaitent utiliser, de bonne foi, ses technologies[24] ». Démarche sincère de promotion de l'*open source* ou « coup de com' » ? Probablement un peu des deux : loin de se réduire à ses brevets, Tesla possède des usines de pointe, emploie des ingénieurs de premier plan et dispose de réserves financières colossales. La démarche est néanmoins inédite dans le monde industriel : elle montre que l'intégration de certains principes de la fabrication distribuée peut orienter la stratégie de grands fabricants.

Au-delà de l'implication des acteurs traditionnels, la maîtrise sociale de la fabrication distribuée devra d'abord passer par la pédagogie et la sensibilisation du plus grand nombre, afin qu'elle soit réellement un levier d'émancipation et de transition écologique, économique et démocratique.

Edwin Mootoosamy
Benjamin Tincq

---

23 Selon le Boston Consulting Group, Tesla était la septième entreprise la plus innovante du monde en 2014, ce qui en fait le premier constructeur automobile de ce classement.

24 http://siliconvalley.blog.lemonde.fr/2014/06/13/le-plaidoyer-anti-brevets-delon-musk-le-patron-de-tesla

Conception graphique et mise en pages
Thierry Sestier

Relecture
Nina Blanchot et Mathieu Rivat

Édition
Thomas Bout

Le papier de cet ouvrage ARCTIC PAPER MUNKEN WHITE 80 g
est composé de fibres naturelles, renouvelables, recyclables
et fabriquées à partir de bois provenant de forêts gérées durablement.

Imprimé en France par la Nouvelle Imprimerie Laballery
en mai 2015
N° d'impression : 504319